HÉCUBA

HÉCUBA
de Eurípides
Tradução e estudo crítico

Truπersa
Trupe de Tradução e Encenação de Teatro Antigo

Direção de tradução
TEREZA VIRGÍNIA RIBEIRO BARBOSA

Direção artística
ANITA MOSCA

© Relicário Edições

DADOS INTERNACIONAIS DE CATALOGAÇÃO NA PUBLICAÇÃO (CIP) DE ACORDO COM ISBD

B238h   Barbosa, Tereza Virgínia Ribeiro
        Hécuba de Eurípides: tradução e estudo crítico / Tereza Virgínia Ribeiro Barbosa, Eurípides ; traduzido por Truπersa - Trupe de Tradução e Encenação de Teatro Antigo, Tereza Virgínia Ribeiro Barbosa - Belo Horizonte : Relicário, 2022.
        300 p.; 14cm x 21cm.

        Tradução de: Ἑκάβη
        Inclui bibliografia.
        ISBN: 978-65-89889-25-0

        1. Teatro. 2. Eurípides. 3. Hécuba. 4. Tradução de teatro antigo. I. Eurípides. 2. Truπersa - Trupe de Tradução e Encenação de Teatro Antigo. III. Título.

        CDD 792
2021-4363   CDU 792

Elaborado por Odilio Hilario Moreira Junior - CRB-8/9949

CONSELHO EDITORIAL
Eduardo Horta Nassif Veras (UFTM), Ernani Chaves (UFPA), Guilherme Paoliello (UFOP), Gustavo Silveira Ribeiro (UFMG), Luiz Rohden (UNISINOS), Marco Aurélio Werle (USP), Markus Schäffauer (UNIVERSITÄT HAMBURG), Patrícia Lavelle (PUC-RIO), Pedro Süssekind (UFF), Ricardo Barbosa (UERJ), Romero Freitas (UFOP), Virginia Figueiredo (UFMG)

COORDENAÇÃO EDITORIAL Maíra Nassif Passos
ASSISTENTE EDITORIAL Thiago Landi
CAPA Cecilia Ribeiro Barbosa
PROJETO GRÁFICO E DIAGRAMAÇÃO Caroline Gischewski
PREPARAÇÃO DOS ORIGINAIS PARTE 1 E 2 Manuela Barbosa
REVISÃO PARTE 1 Manuela Barbosa e Thaís Sena
REVISÃO PARTE 2 Tatiana Chanoca
REVISÃO DE PROVAS Thiago Landi

RELICÁRIO EDIÇÕES
Rua Machado, 155, casa 1, Colégio Batista
Belo Horizonte, MG, 31110-080
contato@relicarioedicoes.com | www.relicarioedicoes.com
@relicarioedicoes · /relicario.edicoes

PARTE 1

APRESENTAÇÃO 9

ESTUDOS 19
   por Tereza Virgínia Ribeiro Barbosa

- 19 Da *Hécuba* em si mesma: do mito e da tradução
- 33 Da Hécuba e seus antecedentes míticos
- 49 Da Hécuba e filhos na tradução da Truπersa
- 55 Polidoro com Júlio Guatimosim
- 63 Polixena no texto: coisas de filhos e de mães
- 85 Que parâmetros usamos para traduzir Taltíbio?
- 105 Alguns problemas e soluções
- 123 Hécuba eu? A construção de uma personagem, por Anita Mosca

PARTE 2

TEXTO GREGO E TRADUÇÃO 136

REFERÊNCIAS 283

SOBRE TEREZA VIRGÍNIA RIBEIRO BARBOSA 295

FICHA TÉCNICA 297

PARTE 1

APRESENTAÇÃO

Este volume é fruto de dois extensos projetos de pesquisa, intitulados *Tradução e (des)colonização*, financiado pela Fundação de Amparo à Pesquisa do Estado de Minas Gerais (FAPEMIG), e *Auscultar Rosa e ouvir Homero*, que vem se desenvolvendo sob os auspícios do Conselho Nacional de Desenvolvimento Científico e Tecnológico (CNPq). A primeira investigação visa à tradução, numa construção em língua portuguesa "abrasileirada", de tragédias áticas, bem como à apropriação do texto de chegada, na contemporaneidade, como exercício democrático de diálogo em sala de aula e para além dos limites acadêmicos, na busca pela expansão da cultura produzida na Universidade Federal de Minas Gerais (UFMG). A segunda visa à realização de um projeto que pretende investigar o metaplasmo – definido aqui, de modo lato, como qualquer fenômeno em que se observa a mudança da sonoridade ou da grafia de uma palavra – como um instrumento gramatical e literário na constituição de uma simulação de linguagem simultaneamente falada e escrita, tal qual a que se vê em textos de Homero e João Guimarães Rosa, e que o admite como ferramenta muito útil para a edificação de textos do gênero teatral, visto serem eles escrituras para serem faladas e transformadas em atuação. Hipotetizamos que o metaplasmo – em Guimarães Rosa e em Homero – é "conduta" utilizada para representar as possibilidades múltiplas de performance oral, seja no ritmo, na construção de personagens mais autênticos, na plasticidade etc., garantindo, sobretudo, a ambiguidade e a virtualidade de uma espontaneidade da fala *in promptu*. O recurso, também chamado "metagrama", é capaz de criar verdades em muitos níveis, estipulando e negociando significados. A verdade literária, pelo metaplasmo, é dinâmica, múltipla e vigorosa, muito próxima do discurso oral. Como exemplo, basta observar quão potente é saber que o nome Hécuba (Ἑκάβη, em grego) pode ser tratado como um metaplasmo da deusa dos nascimentos, a guardiã dos caminhos, a subterrânea e sinistra Hécate (Ἑκάτη) [cf. Franco, 2014, p. 231; Burnett, 1994, p. 155 e 156].

No que concerne aos metaplasmos, somos devedores, evidentemente, do valioso trabalho de Marcos Bagno acerca do preconceito linguístico. Pensando nos mecanismos pelos quais a expressão verbal pode se tornar um instrumento de discriminação, propomos uma tradução comprometida com a superação de preconceitos e com o alargamento de horizontes culturais para todos.[1] Uma vez que pretende-

---

1 A visão preconceituosa dos fenômenos da língua, no entendimento de Bagno, trata, por exemplo, a modificação do L em R nos

mos, em nossas traduções descolonizadas, contemplar o Brasil em toda a sua heterogeneidade e representá-lo de forma democrática, haverá no texto que aqui se apresenta o registro de vários falares brasileiros: o das elites (lugar-comum nas traduções de tragédias), o das gentes mais comuns e o dos mais desfavorecidos, se tais falares forem compatíveis com a escrita registrada no grego e se o texto assim o comandar. Obedientemente, ouvimos a voz de Eurípides; democraticamente, negociamos com ele a partir de nossa realidade material, linguística e cultural.

> encontros consonantais – como se dá em Cráudia, Creusa, probrema, chicrete, praca, broco, pranta – como "atraso mental". A pessoa que fala (ou escreve) assim é estigmatizada e, frequentemente, nas salas de aula (e nas performances artísticas, políticas e sociais), considerada incapacitada ou preterida. Isso é patente, inclusive, em grupos supostamente mais abertos como o artístico. "Ora, estudando cientificamente a questão, é fácil descobrir que não estamos diante de um traço de 'atraso mental' dos falantes 'ignorantes' do português, mas simplesmente de um *fenômeno fonético* que contribuiu para a formação da própria língua portuguesa padrão. (...) Se fôssemos pensar que as pessoas que dizem Cráudia, chicrete, praca, broco, pranta têm algum 'defeito' ou 'atraso mental', seríamos forçados a admitir que toda a população da província romana da Lusitânia também tinha esse mesmo problema na época em que a língua portuguesa estava se formando. E que o grande Luís de Camões também sofria desse mesmo mal, já que ele escreveu ingrês, pubricar, pranta, frauta, frecha na obra que é considerada até hoje o maior monumento literário do português clássico, o poema *Os Lusíadas*." (Bagno, 2002, p. 40-41).
> O metaplasmo certo, na hora certa, é um trunfo na escrita, bem o detectou Rosa ao potencializar o par "alma/arma", por exemplo, na escrita do *Grande Sertão: Veredas*.

Acreditamos, porém, que o conceito que subjaz à expressão "exercício democrático" e ao advérbio "democraticamente" é largo demais para começar uma fala que nada diz. Evidentemente, todos concordam que não há definições exatas para o adjetivo "democrático", recorrentemente utilizado em tantas circunstâncias, e que, curiosamente, é termo que se aplica à exaustão, leviana e inconsistentemente, na descrição de regimes assaz diversos e amiúde não muito inclusivos. No entanto, insistimos, e abrimos o livro com essa palavra incômoda. Usamo-la por motivos de inquietude extrema.

Em primeiro lugar, porque falamos da Grécia e de uma práxis grega, o teatro, arte que não se faz sozinha, que carece de gente, de bastante gente, e que só se constitui potentemente quando surge de um coletivo harmônico. Em segundo lugar, porque somente o teatro é capaz de construir um laboratório de experiências convergentes para serem avaliadas (com a competência natural que lhe é dada) por uma plateia vigilante e presente, capaz de distinguir as ações eficazes das catastróficas na construção da experiência produzida em espetáculo.

Assim, para não haver mal-entendidos, sejamos claros: democracia, aqui, na expressão "exercício democrático", significa uma prática a que submetemos, disciplinarmente, os alunos da Faculdade de Letras (Fale) e do curso de Teatro da UFMG. Oferecemos a estudantes de todos os níveis a

APRESENTAÇÃO

oportunidade para exercer papel ativo na tradução crítica e reflexiva de obras monumentais. O discente que escolher percorrer a "disciplina" orientada para este objetivo, a saber, a tradução e a encenação de uma peça ática, toma para si, num pacto de amizade para fins profissionais, a orientação de dois responsáveis: o diretor de tradução e o diretor artístico. Sob o "governo" desses "eleitos", os "tradutores" e os "artistas" passam a acatar as suas tomadas de decisão em relação às opções tradutórias oferecidas pelo grupo e às possibilidades de execução da cena sob a estrutura textual que vem sendo traduzida. O melhor caminho para o estabelecimento, em português brasileiro, de uma obra previamente escolhida, e a forma mais adequada de executá-la em ato, cabe aos diretores – de cena e de tradução – aferir. A prática e o exercício democrático, em si, são, portanto, uma predisposição para a escuta, a concessão, a crítica, a reflexão. A receptividade ponderada, isso é o que, nomeadamente, pretendemos ao mencionar o termo "democracia".

A *Hécuba* da Truπersa, logo, se origina desse exercício e se justifica, então, como resultado de um aprendizado alcançado com "exercícios cotidianos de democracia" e conquistado através de pelo menos quatro disciplinas oferecidas. Neste passo, oportunamente, queremos agradecer aos colegas da Fale, que toleraram ensaios infindos no Teatro Ítalo Mudado, com a barafunda daí decorrente, espalhando gritos e dores pelos ares. Queremos, comovidos, agradecer-lhes na pessoa da professora Graciela Ravetti (*in memoriam*), quem, por primeiro, assistiu a um ensaio completo de *Hécuba 26-27* ao som de matracas, flautas, fagote e gaita de fole.

A prática que relatamos vem de longa data: desde 2009, quando encetamos, em uma disciplina, a tradução do prólogo de *Os persas*, de Ésquilo (daí o nome Truπersa para a trupe de tradução que na ocasião se constituía). Muitas outras disciplinas se sucederam a essa e concluímos a publicação (e a encenação) da tradução de três outras tragédias (*Medeia*, *Electra* e *Orestes*, todas euripidianas). O processo mostrou a cara democrática dos cursos oferecidos na Fale-UFMG: contou com a participação de todos os matriculados na disciplina, de alguns agregados, interessados no processo sob a regência de um mestre organizador de pulso forte, e finalmente dos diretores da cena e do produto textual traduzido.

Quanto à metodologia – se é que podemos falar de metodologia para a tarefa tradutória coletiva no imponderável da vida (isto é, em fluxo contínuo e com a exasperante flutuação de discentes, atores e participantes que vão e vêm) – passamos a narrá-la brevemente, visto já termos relatado os muitos procedimentos tomados em artigos e livros sem conta.

O grupo vai a contrapelo do canto da sereia contemporâneo. Seguimos em *slow motion*, com cuidados delicados,

APRESENTAÇÃO

decisões demoradas e argumentadas, filigranas lexicais e sintáticas, aperfeiçoamentos permanentes em gesto, tom de voz, modo de andar, ritmo de falar, polidez de ouvir, cortesia ao corrigir. Convivemos – profissionalmente – com vidas do passado: os séculos que nos precederam, as formas de ser e viver antigas e os autores mortos; mas somos atravessados pelo presente e pelas contradições da nossa época; estamos, literalmente, entre os que já se foram e os que ainda estão vivos (e de todas as faixas etárias: *Hécuba*, por exemplo, foi criada em conjunto com estudantes universitários de Letras e Teatro, professores da Fale e da Escola de Música, artistas consolidados e uma garotinha de oito anos, Maria Viana, que atuou como Polidoro morto no cortejo fúnebre que inventamos estrategicamente para um espetáculo ocasional). Também recorremos aos vivos e mortos que se querem teóricos, aos que se chamam autores, aos que se querem tradutores e artistas.

Assim, na empreitada de traduzir, ao mesmo tempo para a letra e para a cena, uma tragédia de 1.295 versos em grego antigo e com 2h30 de espetáculo, belíssimos conflitos surgiram. Nosso exercício democrático obrigou-nos à convivência por mais ou menos dois anos até que texto e espetáculo adquirissem forma consistente e atraente. Foram horas de discussões e elucubrações sobre a escolha de palavras, sintaxes, estratégias teóricas, intenções de fala, soluções, tons e semitons... Ver, ouvir e escutar, sugerir, criticar e ponderar, ações muito raras e urgentes e que demandam cultivo esmerado, foram exigências primárias no evoluir de uma tarefa em que a expressão "prática de democracia" era entendida como respeito e acolhimento, num mesmo local e para uma mesma ação. Acolhimento de pessoas únicas, nunca iguais, com histórias de vida irrepetíveis. Foi por esse motivo que, à luz de Jorge Dubatti, buscamos um teatro de convívio – o que nem sempre é fácil – com profissionais de todos os níveis, origens, tendências e vieses. Na tarefa da tradução, aplicamos rigorosamente a frase de João Guimarães Rosa.[2] De fato, "traduzir é conviver"; se alguns debandaram, outros encararam o jogo até o fim. Convivemos, portanto, com textos (de inúmeras traduções pretéritas e de diferentes épocas e contextos), com dramaturgos, autores e teóricos extraordinários, com tradutores únicos (almos e almas poéticas) e com gente

---

2 Admitimos que "traduzir é conviver". A frase está registrada em Meyer-Clason; Rosa (2003, p. 47). Ela é evocada pelo tradutor alemão e, segundo ele, "dispensa interpretação". Clason declara que a frase foi dita por Rosa por ocasião do Colóquio de Escritores Latino-Americanos e Alemães (Berlim, 1962). Nosso ponto de vista é que a fórmula não funciona apenas como frase de efeito, mas marca verdadeiramente uma conduta do escritor. Nossa afirmação pode ser reforçada por outra reflexão de Rosa: "Meu lema é: a linguagem e a vida são uma coisa só. Quem não fizer do idioma o espelho de sua personalidade não vive; e como a vida é uma corrente contínua, a linguagem também deve evoluir constantemente." (Rosa *apud* Lorenz, 2009, p. LI). Ou seja, Rosa deseja fazer da língua e do homem uma coisa só, daí a definição "traduzir é conviver".

APRESENTAÇÃO

que come comida e bebe bebida, anda de ônibus e se cansa, nós e vós mesmos, soltos no ordinário da vida.

Tudo porque almejávamos estabelecer um texto poroso e flexível, sempre mutante, capaz de se modificar a cada ensaio cênico – e, quiçá, a cada espetáculo que virá! Processo demorado, sem dúvida, sobretudo porque visa à construção e à formação de seres humanos (artistas, tradutores, autores, críticos, espectadores e... leitores) sob o signo da catarse, isso é, da prática de um grupo envolvido no reconhecimento e na transformação dos movimentos afetivos de respeito, temor, compaixão e protimia para com todos e para com cada um. Graças a isso, fomos capazes de resolver inúmeros problemas, e prova disso é o texto que se apresenta. As dificuldades que restaram, acreditamos, nos moverão para o futuro. Esperamos que o leitor e o espectador se sintam contemplados em suas expectativas.

Essa ousadia se fez no século XXI d.C., por pesquisadores e artistas de carne e osso, tomando como exemplo antepassados do século V a.C., aquele da consolidação da democracia ateniense, com suas glórias e, decerto, seus fiascos e fracassos. Para tanto, foi necessário um tempo comum e disponibilidade para o compartilhamento de forças e fragilidades. Mas o objeto escolhido foi potente: *Hécuba*, de Eurípides. A peça conta o drama de uma mãe que se viu amputada de seus amores: filhos, marido, terra, casa, prestígio e condição.

Quantas mulheres existem assim no mundo ainda? Não são poucas. No Brasil, na Grécia e por toda parte. Então, exibamos a dor do abandono e da perda; pode ser que a plateia pense, reflita, reconheça suas astenias e tome um novo rumo, quem sabe? *Teatrar*, neste país *huge*, urge, é preciso![3]

---

3 Gostaríamos de informar que algumas páginas da próxima seção serão publicadas em capítulo de livro organizado por Maria Aparecida de Oliveira Silva (Universidade Federal de São Paulo – Unifesp).

DA *HÉCUBA* EM SI MESMA:
DO MITO E DA TRADUÇÃO

Foi com um espetáculo estruturado pelo mito da guerra de Troia que Eurípides, por volta de 423 a.C., deu protagonismo a uma velha e derrotada rainha de nome Hécuba (Ἑκάβη), aquela que, entre tantos heróis, deu à luz Heitor, o mais forte dos guerreiros inimigos de Agamêmnon e de Menelau. Como protagonista dos mais de mil versos da tragédia homônima, Hécuba de fraca e nula nada tem. Abatida, alquebrada e combalida, soberana dentre os vencidos, ela tira forças de sua própria e rude-*huge*-dor e, com fúria similar à de Aquiles, arquiteta cruelmente uma revanche, se vinga de seus opositores e mostra que os vencidos podem vitimar os vencedores terrivelmente. O enredo-libreto descrito no "Argumento" a partir da edição de Porson (1824)[4] é claro. Ei-lo:[5]

---

4   Eurípides. *Hecuba*. Ed.: Ricardus Porson. Leipzig: Gerhard Fleischer, 1824, p. 1. (Hecuba, Orestes, Phoenissae et Medea, 1).

5   Todas as traduções, quando não mencionada a autoria, são de nossa responsabilidade.

ARGUMENTO

Passada a campanha contra Ílion, os gregos embicaram à frente de Troia Quersoneso adentro. Aí, ao de noite, foi visto Aquiles, que sufragava sangrar uma das filhas de Príamo. Daí, os gregos, no que foram reverentes com o herói, arrebataram Polixena de Hécuba e sangraram-na. Enquanto isso, Poliméstor, o rei dos trácios, dessangrou um dos Priâmidas, Polidoro... É que, por obladagem, Poliméstor, com divícias, havia recebido aquele de junto de Príamo. Na derrocada da vila, decidido a apropriar-se da fortuna daquele, precipitou-se para matá-lo e desprezou a desditosa aliança, mas, no que desovou o corpo no mar, a rebentação para as tendas das acossadas o devolveu. Aí, Hécuba, quando viu o morto, reconheceu-o. E aí, confidente, de Agamêmnon sentença tirou. Junto com os meninos dele, a Poliméstor, modos que indicasse uns tesouros para ele em Ílion, mandou-o vir até si, ocultando dele o ocorrido. E, no que ele chegou, os filhos dele dessangrou! E despois, a ele os olhos vazou. E mais, defendendo-se frente aos gregos, ao detrator venceu, porque foi apurado não ter ela começado a sangria, mas apenas se vingado do agressor.

ΥΠΟΘΕΣΙΣ
Μετὰ τὴν Ἰλίου πολιορκίαν
οἱ μὲν Ἕλληνες εἰς τὴν ἀντιπέραν Τρῳάδος
Χερρόνησον καθωρμίσθησαν. Ἀχιλλεὺς δὲ,
νυκτὸς ὁραθεὶς, σφαγῆναι ἠξίου μίαν τῶν
Πριάμου θυγατέρων. οἱ μὲν οὖν Ἕλληνες,
τιμῶντες τὸν ἥρωα Πολυξένην
ἀποσπάσαντες Ἑκάβης ἐσφαγίασαν.
Πολυμήστωρ δὲ, ὁ τῶν Θρᾳκῶν βασιλεὺς,
ἕνα τῶν Πριαμιδῶν Πολύδωρον
κατέσφαζεν· εἰλήφει δὲ τοῦτον παρὰ τοῦ
Πριάμου ὁ Πολυμήστωρ παρακαταθήκην
μετὰ χρημάτων. ἁλούσης δὲ τῆς πόλεως,
κατασχεῖν αὐτοῦ βουλόμενος τὸν πλοῦτον,
φονεύειν ὥρμησε, καὶ φιλίας δυστυχοῦς
ὠλιγώρησεν. ἐκριφέντος δὲ τοῦ σώματος εἰς
τὴν θάλασσαν, τὸ κλύδώνιον πρὸς τὰς τῶν
αἰχμαλωτίδων σκηνὰς αὐτὸν ἐξέβαλεν.
Ἑκάβη δὲ τὸν νεκρὸν θεασαμένη ἐπέγνω·
κοινωσαμένη δὲ τὴν γνώμην Ἀγαμέμνονι,

HÉCUBA

Πολυμήστορα σὺν τοῖς παισὶν αὐτοῦ ὡς
ἑαυτὴν μετεπέμψατο, κρύπτουσα τὸ
γεγονός, ὡς θησαυροὺς ἐν Ἰλίῳ μηνύσῃ
αὐτῷ. παραγενομένων δὲ τοὺς μὲν υἱοὺς
κατέσφαζεν· αὐτὸν δὲ τῶν ὀφθαλμῶν
ἐστέρησεν. ἐπὶ δὲ τῶν Ἑλλήνων λέγουσα,
τὸν κατήγορον ἐνίκησεν· ἐκρίθη γὰρ οὐκ
ἄρχειν ὠμότητος,
ἀλλ᾽ἀμύνασθαι τὸν κατάρξαντα.

Aí está, já no argumento se deu o *spoiler* da peça, técnica antiga que diz muito da cultura. Aos gregos não interessa tanto "o quê" vai acontecer, mas "o como" tudo vai acontecer. Assim é o teatro didático ático, o mesmo que antecedeu e ensinou Bertolt Brecht a fazer arte e a educar as gentes. A grande meta dos autores e da plateia – e, obviamente, dos leitores da época – era, na verdade, a carpintaria do texto em cena; nela residia a "originalidade" do autor. O mito é conhecido, o enredo também. O contexto é claro. Resta ver e avaliar como se ergue um espetáculo com o repertório comum disponível para todos. Não se espante o leitor, isso ocorre ainda hoje quando milhares de pessoas vão assistir, por exemplo, à encenação da Paixão de Cristo. *O mito é conhecido, o enredo também. O contexto é claro. Resta ver e avaliar como se ergue o grande espetáculo* da morte e da ressurreição de Deus.

DA *HÉCUBA* EM SI MESMA: DO MITO E DA TRADUÇÃO

Em *Hécuba* temos um cenário de pós-guerra, ou melhor, de precárias tréguas na grande guerra humana. Bivaque. Tropa acampada. Gente prisioneira. Exército aqueu posicionado na costa da Turquia de frente para o Quersoneso. Todos os varões troianos estão mortos, os combates aparentemente foram encerrados. Ao vencedor, as batatas: mulheres e crianças cheias de medo. A partilha do espólio engendra assembleias disputadas e tensas. Os conquistadores, ansiosos pelo retorno a casa, descuidam da ética, dos juramentos, da civilidade. A lei é sangue por dobrado sangue; dente por dentes, olho por olhos.

Para as vencidas, é ocasião de avaliar as perdas, minimizar seus danos, fomentar os pífios ganhos viáveis (um anel escondido, um pouco de água para o banho, um perfume, uma conversa fiada à beira-mar, a cama limpa e, talvez, a casa – e a cama – de um soldado vencedor em Atenas...) e precaver-se contra premeditadas vinganças entre umas e outras por melgueiras mesquinhas. Cabe-lhes também a nobre função de prestar aos mortos os ritos devidos, agora acanhados, empobrecidos e improvisados. Mas o tempo de guerrear sem louros para angariar qualquer consolo, auferido da conquista de uma retaliação, por mínima que seja, é *baixo contínuo*. O cenário afetivo se estampa nos gestos de desespero e abandono expressos nas mãos, dedos e braços de todas.

Entretanto, apesar do depauperamento abusivo, restaram a Hécuba, gloriosamente, Polixena, Heleno e Cassandra. Polidoro,[6] o caçula, como se constatou no argumento, sem que a mãe tivesse notícia, foi morto à traição por seu tutor. Nessas circunstâncias, embora a vingança de Hécuba almeje estancar os crimes, a trama sobretecida com novos horrores prossegue. Aflições crescentes se vislumbram e, já no primeiro episódio, prevê-se, assim, uma escalada de dor para a matriarca: de início, vem a notícia de que sua filha Polixena foi eleita – num sufrágio em favor de Aquiles morto – para ser abatida na tumba do guerreiro mirmidão, conforme aprovação de todo o contingente aqueu, e se juntar a ele no reino bolorento de Hades. Junto com o decreto de morte da donzela, chega a notícia de que Hécuba já tem um novo déspota para seu corpo, Ulisses, e, finalmente, trazido pelo mar, se lhe chega o golpe final, o cadáver do herdeiro Polidoro. Demasiados horrores ou realidade histórica maximizada? Realidade histórica maximizada e estetizada ou laboratório de pesquisa de afetos violentos?

A peça, como afirmamos, foi encenada provavelmente entre os anos 425 e 423 a.C. (cf. Matthiessen, 2010, p. 3-4), na virada do século V e na vigência da Guerra do Peloponeso

---

6 Justina Gregory (1995, p. 389) adverte que: "in the *Iliad* Polydorus' mother is Laothoe, not Hecuba (21.84-91), and Hecuba's father is Dymas, not Kisseus (16.718)". [na *Ilíada*, a mãe de Polidoro é Laótoe, não Hécuba, e o pai de Hécuba é Dimante, não Cisseu].

(431-404 a.C.) e do pós-revolta de Mitilene (427 a.C.). Podemos inferir de algum modo que, a despeito de o enredo em foco ser mítico e de base homérica, o texto, sem dúvida, reflete traumas e cicatrizes de conflitos contemporâneos vividos no dia a dia do ateniense comum,[7] sendo, com isso, um efetivo *laboratório de pesquisa de afetos violentos*. À época, tal como na ficção, a instabilidade era geral: os insurgentes eram condenados à morte, e suas mulheres e crianças, muito frequentemente, escravizadas.

Contudo, o impacto do encontro entre passado e presente na articulação textual euripidiana não é privilégio da Antiguidade, pelo menos nesse caso, pois a peça em estudo fala igualmente dos agoras do século XXI, do tempo em que, por causa de uma absurda pandemia, se descobriu o valor do sepultamento de um corpo. A urgência e a evidência das técnicas laboratoriais de Eurípides motivaram-nos a traduzir linha a linha, verso a verso, integralmente, todo o texto. De fato, foi por causa das similitudes entre pesadelos do passado e do presente que a paixão cresceu, e se manteve por quatro anos, impelindo-nos, entre naufrágios e resgates, à tradução.

---

7 Cf. Lee, John W. I. Warfare in the Classical Age; Harrison, Thomas. The Greek World, 478-432; Welwei, Karl-Wilhelm. The Peloponnesian War and its Aftermath (In: Kinzl, Konrad H. (ed.). *A Companion to the Classical Greek World*. Hoboken: Blackwell Publishing, 2006) e Tzanetou, Angeliki. Hecuba. In: Markantonatos, Andreas (ed.). *Brill's Companion to Euripides – Volume 1*. Leiden; Boston: Brill, 2020.

Hécuba 26-27[8]

Para nós, não houve escolha, desde que tomamos contato com o resgate do menino Alan Kurdi († 02/09/2015),[9] devolvido morto pelo mar nas praias de Bodrum (Halicarnasso), no litoral da Turquia. No choque desse episódio, fomos impactados pela dor de milhões de refugiados desaparecidos, tragados pelas águas do Mediterrâneo e do Egeu nas suas rotas de fuga, e dos atingidos, bem perto de nós, no Brasil, por

---

8 Estreamos no Teatro Ítalo Mudado (Fale-UFMG) por ocasião da 69ª Reunião da Sociedade Brasileira para o Progresso da Ciência (SBPC, 16 a 22 de julho, 2017). Este foi o cartaz de divulgação do espetáculo, criado por Cecília Brzezina. Direção de tradução: T. V. R. Barbosa; direção artística: Anita Mosca; participação: Serena Rocha, Gabriel Demaria, Cristiano Elias e Anita Mosca.

9 Cf. Weber-Ballard, Eleanor. Three Years On: Has Anything Changed Since the Death of Alan Kurdi?, *Migrants Organise*, 2 set. 2018.

balas perdidas e crimes de todo o tipo, inclusive os de saúde pública... Gente buscando escapar de guerras e de opressões em todos os lugares de todos os tempos.[10] E, ao fim e ao cabo, percebemos que esses vitimados tinham (ou tiveram um dia) mães que choraram suas mortes, seja no mundo dos morituros, seja no além. A situação de dor mundial recrudesceu com a covid-19. Confinados em nossas próprias casas, víamos nossos mortos queridos serem inumados com ritos sumários, sem a nossa presença: proibido velar, vedado abraçar, permitido consolar – à distância.

Pensando desse modo, cremos não haver anacronismo ao repetir, no ano da graça dos tempos que correm, as palavras de Nicole Loraux para o século V a.C., pois ainda vivemos dias delicados, em que o feminino se esfacela e se dilui na condição de um entre tantos aspectos comportamentais à disposição, num verdadeiro *self-service* identitário, e nos quais a maternidade vem sendo contestada, rejeitada e alargada para situações de meras analogias e eufemismos.

Há – é claro e é muito desejável que seja assim – uma demanda por um pensamento feminino, maternal e

---

10 Análogos a Polidoro na idade e no modo de morrer, recentemente, em 2019, é fácil lembrar de: † (14/02) Jenifer Silene Gomes, 11 anos; † (16/03) Kauan Peixoto, 12 anos; † (15/05) Kauã Rozário, 11 anos; † (09/09) Kauê Ribeiro dos Santos, 12 anos; † (20/09) Ágatha Félix, 8 anos; † (11/10) Kelvin Gomes, 17 anos.

pacifista,[11] que questione, no entanto, a noção de que a condição feminina pressuponha, por exemplo, doçura. Há igualmente mães violentas e cruéis em todos os tempos, as que criam filhos para seu próprio refúgio, "rugindo piedade pelas

---

11   Referimo-nos aos trabalhos de Sara Ruddick, arrolados nas referências deste capítulo. Nenhum deles, do ponto de vista teórico, nos satisfaz conceitualmente, mas temos algumas convergências pontuais. Ruddick é conhecida pelo artigo "Maternal Thinking" (1980), que, por sua vez, veio a se constituir mais tarde como o livro *Maternal Thinking: Toward a Politics of Peace* (1989). A autora, em "Pacifying the Forces: Drafting Women in the Interests of Peace" (1983), se engaja em uma corrente que discute as diferenças. A ideia básica de Ruddick é que o pensamento maternal – que não se restringe ao sexo feminino – é fonte para uma política pela paz. Embora reconheça os riscos de uma limitação apenas sexual, Ruddick enfatiza que as experiências da gravidez e do parto favorecem a compreensão da espera ativa, do sofrimento recompensado e da diferenciação entre o "eu materno" e o "outro filial", condições propiciatórias para o desenvolvimento de uma ética do cuidado. Citamos, ademais, pequeno trecho de seu artigo sobre a pacificação mundial protagonizada por mães: "Como antimilitaristas, acreditamos que as armas da violência organizada engendram danos tanto para aqueles a cuja proteção elas se destinam quanto, obviamente, para os 'inimigos' internos e os estrangeiros aos quais elas visam. Estamos empenhadas em encontrar formas não violentas de proteger o que amamos e obter o que precisamos. No entanto, como feministas, estamos comprometidas com a eliminação de todas as restrições de poder, prazer e capacitação que nascem do sexo biológico ou da construção social do gênero." (Ruddick, 1983, p. 471). [As antimilitarists we believe that the weapons of organized violence endanger both those whom they are intended to protect and, obviously, the internal and foreign 'enemies' at whom they are aimed. We are committed to finding non-violent ways to protect what we love and to get what we need. Yet as feminists we are committed to eliminating all restrictions of power, pleasure and mastery that arise from biological sex or social construction of gender].

mamas" (Eurípides, *Orestes*, v. 568, em tradução Truπersa). A respeito das mães Medeia, Clitemnestra e Jocasta, noutros tempos já despendemos muita tinta, não carece repetir. Por ora, vamos nos limitar aos estudos clássicos e ao aspecto visceral (e até canino) da maternidade, aquela que vem, uterina, das profundezas do corpo que tece um ser no recesso de mulher que se realiza como matriz de humana e fera gente. Vamos somar nossa voz às vozes de Loraux e, mais adiante, de Charles Segal. De Loraux queremos destacar, em particular, a situação da dor íntima de uma mãe por ocasião da perda do fruto de suas entranhas:

> Para iluminar a desconfiança da cidade sobre o sofrimento feminino, precisamos abordar as coisas por outro lado e focalizar o mais íntimo dos pesares, o de uma mãe em luto, que está demasiado isolada em sua singularidade. Tanto é verdade que, por causa do silêncio que envolve as mulheres gregas sem nome, o nosso único recurso, a partir de agora, é nos agarrarmos aos textos, poéticos ou trágicos, que, por si só, dão um nome ilustre e um lugar central à figura da mãe de luto. Lá, a intimidade do luto é resultado de uma intensificação do sentimento de proximidade corpórea, tornada

ainda mais aguda porque nunca é sentida tanto quanto depois de uma perda.[12] (Loraux, 1998, p. 35).

O fio condutor deste estudo e desta tradução, por conseguinte, serão as fraturas que a disputa de poder provoca nas relações afetivas. Pretendemos abordar, de pontos de vista diversos, o texto trágico euripidiano que trata do tema, priorizando o vínculo de Hécuba com seus filhos e filhas, e discutindo, a partir dele, o mito da maternidade. Hécuba, como vimos, trinta versos antes de o drama terminar é vaticinada morrer cadela. A imagem, segundo Burnett (1994, p. 157), remete à fecundidade e à ferocidade do animal tal como se o vê em Homero, *Odisseia* (20, 14). No entanto,

> a cadela Hécuba de Eurípides jamais viverá. Ela nasce no instante de morte de Hécuba, e é verbalmente enterrada na palavra seguinte (Θανοῦσα· τύμβῳ, 1271). Nada, porém, torna este extinto animal monstro ou fera; ele nunca mostra os seus dentes, nunca vaga pelas

---

12 "To illuminate the city's mistrust of feminine grief, we need to approach things from the other end, and to focus on the most intimate of griefs, that of the mother in mourning, who is so isolated in her singularity. So true is it that silence surrounds nameless Greek women that our only recourse from this point on is to cling to the texts, poetic or tragic, which alone give an illustrious name and a central place to the figure of the mourning mother. There the intimacy of grief is a result of an intensification of the feeling of corporeal closeness, made all the more acute because it is never felt as much as it is after a loss".

planícies de Troia, porque jamais respirou. Não somos
encorajados a dar-lhe qualquer carácter ou delineação
particular; é uma cadela apenas pelo epíteto feminino
que lhe será aplicado no futuro por aqueles que passa-
rem pelo local de seu sepultamento. O olhar ardente
– um pormenor que Poliméstor evidentemente cita a
partir de suas fontes oraculares – não pode emanar de
um cadáver canino submerso, e, consequentemente,
deve pertencer ao sema, a tumba, que haveremos de
ver presente.[13] (Burnett, 1994, p. 152).

Mas não pretendemos demonstrar nada sem argumen-
tos, tudo será feito mediante a tradução (e encenação), no
trabalho prático e reflexivo da escolha de palavras, da obser-
vação da sintaxe grega em comparação com aquela da língua portuguesa do Brasil construída para a auralidade e da
melodia que estaremos fazendo ressoar. Reunidas em um par

---

13 "Euripide's Hekabe dog will never live. It comes into being in the moment of Hekabe's death, and it is verbally buried in the very next word (Θανοῦσα· τύμβῳ, 1271). Nothing, however, makes this extinguished animal either monstrous or savage; it never bares its teeth, never bays, never roams the plains of Troy, because it never breathes. Nor are we encouraged to give it any particular character or delineation; it is a bitch only by the feminine epithet that will be applied in future by those who pass its burial place. The fiery glance – a detail Polymestor evidently quotes from this oracular source – cannot emanate from a submerged canine corpse, and consequently it must belong to the sema, the tomb, as will presently be seen".

complementar, visto nascerem juntas, as funções contíguas de mães e filhos são iluminadas após uma breve visitação a Homero, a Apolodoro e a alguns outros. Polidoro, Alan Kurdi e muitos mais foram igualmente pontos de partida.

DA HÉCUBA E SEUS ANTECEDENTES MÍTICOS

De acordo com Apolodoro (*Biblioteca*, III, 12, 5, *Ep.* 5, 23), Hécuba nasceu da união de Mérope, filha do rio Ladão, e Sangário. Eurípides, na obra em foco, menciona apenas seu pai, Cisseu, e esquece-lhe a mãe. Sobre a filiação materna da rainha, aliás, Richard Janko comenta que

> não é de se admirar que Tibério gostasse de questionar os estudiosos a respeito da mãe de Hécuba (Suet. *Tib.* 70), quando até mesmo seu pai era um obscuro: em alguns lugares, ele é o rei trácio Cisseu (Eur., *Hec.* 3, com respaldo dos escoliastas) ou o próprio rio Sangário (Ferécides, *FGH* 3 F 136)! Esse, o principal rio da Bitínia que desemboca a leste do Bósforo e que também é chamado de Sakarya; Príamo menciona o rio em *Il.* 3.187, e Hesíodo lista-o entre os rios a noroeste da Anatólia (*Teog.* 344).[14] (Janko, 1994, p. 401).

---

14 "No wonder Tiberius liked to quiz scholars about Hekabe's mother (Suet. *Tib.* 70), when even her father was obscure: elsewhere he is the Thracian king Kisseus (Eur., *Hec.* 3 with schol.) or the Sangarios itself (Pherecydes, *FGH* 3 F 136)! This, the main river of Bithynia which debouches E. of the Bosporus, is still called the

HÉCUBA

Hécuba é, portanto, segundo Apolodoro, filha das águas sob a forma de rio; ela se solidifica, se esfria, se liquefaz na temperatura do ar, se aerifica no calor. Penetra tudo, hidrata e pode também embolorar seu entorno. Nutriz mutante, manancial de vida e até de morte. Recordemos: Ἑκάβη/ Ἑκάτη, uma letra trocada e a mulher vira deusa triface da escuridão. Pois bem, a mulher de Príamo – que, de forma inverossímil, parece não ter tido mãe, em Eurípides e Tibério, – é também irmã de Ásio, filho de Dimante (*Il.* 16, 717-719). Todavia, ainda segundo Janko,

> como Fénops, 'Ásio, filho de Dimante' é inventado para substituir o morto Ásio, filho de Hírtaco (13. 383-401n). De origem obscura, 'Dimante' é apenas outro nome prático: Atena toma a forma de filha de um tal Dimante em *Od.* 6.22, assim como Apolo se torna um tal Mentes (17.73), outra de suas *personae* (*Od.* 1.105)![15]
> (Janko, 1994, p. 401).

Sakarya; Priam mentions it at 3.187, and Hesiod lists it among N. W. Anatolian rivers (*Theog.* 344)".

15 "Like Phainops, 'Asios son of Dumas' is invented to replace the slain Asios son of Hurtakos (13. 383-401n). Of obscure origin, 'Dumas' is merely another handy name: Athene takes the shape of a daughter of a Dumas at *Od.* 6.22, just as Apollo becomes a Mentes (17.73), another of her personae (*Od.* 1.105)!".

DA HÉCUBA E SEUS ANTECEDENTES MÍTICOS

À parte a aura de mistério, Hécuba foi, certamente, filha e irmã e, como sói acontecer a algumas mulheres, esposa. Coube-lhe por marido Príamo, de quem foi a segunda companheira (Apolodoro, *Biblioteca*, III, 12, 1) e com quem teve, consoante com o mesmo autor, dez varões (Heitor, Alexandre Páris, Deífobo, Heleno, Pámon, Polites, Ántifo, Hipótoo, Polidoro e Troilo, que diziam ser filho de Apolo) e quatro moças (Creúsa, Laódice, Polixena e Cassandra), embora a peça de Eurípides não faça menção a Creúsa nem a Laódice. Neste ponto, Hécuba se assemelha à infeliz Níobe, 14 filhos, 14 perdas. Níobe, por compaixão de Zeus, toma a forma de rochedo que chora, em fonte perene, a lástima de suas fraturas (Apolodoro, *Biblioteca*, III, 6). Hécuba se afoga no mar. Mulheres líquidas casam bem com a modernidade líquida, servem para pensarmos o feminino como manancial.

Nos poemas homéricos, Hécuba foi mãe zelosa. Recebeu, diligentemente, seu primogênito quando ele buscou reforço para o combate e se ausentou da refrega. Transpondo as Portas Ceias, Heitor foi por ela reconfortado e estimulado, conquanto sem grande sucesso, se considerado o desfecho. Hécuba acalentou-o, aconselhou-o, restaurou-o (*Il.* 6, 251-262):[16]

---

16 O texto grego utilizado para a tradução dos fragmentos da *Ilíada* daqui em diante foi tomado de: Homero. *Homeri Opera in 5 volumes*. Oxford: Oxford University Press, 1920, disponível no projeto Perseus.

Lá mesmo se lhe achega a mãe doce-dom;
Laódice, a mais bonita das filhas, junto!
Aí, ela lhe puxou a mão, disse fala, apostrofou assim:
"Ó só, menino, enfim deixaste a dura peleja!
De fato t'esmagam filhos astrosos de aqueus
combatentes em roda da vila! O tino a ti carregou
pra, nas grimpas da vila, as mãos a Zeus elevar.
Ó cá, sossega até qu'eu te possa vinho doce trazer,
daí, libação pra Zeus pai e pros outros imortais,
logo farás; ao depois, degusta tu o que resta beber.
Prum varão estafado, assim tal qual 'stás, estafado
co'a defesa dos teus, do vinho baita força brota."

ἔνθά οἱ ἠπιόδωρος ἐναντίη ἤλυθε μήτηρ
Λαοδίκην ἐσάγουσα θυγατρῶν εἶδος ἀρίστην·
ἔν τ' ἄρα οἱ φῦ χειρὶ ἔπος τ' ἔφατ' ἔκ τ' ὀνόμαζε·
τέκνον τίπτε λιπὼν πόλεμον θρασὺν εἰλήλουθας;
ἦ μάλα δὴ τείρουσι δυσώνυμοι υἷες Ἀχαιῶν
μαρνάμενοι περὶ ἄστυ· σὲ δ' ἐνθάδε θυμὸς ἀνῆκεν
ἐλθόντ' ἐξ ἄκρης πόλιος Διὶ χεῖρας ἀνασχεῖν.
ἀλλὰ μέν' ὄφρά κέ τοι μελιηδέα οἶνον ἐνείκω,
ὡς σπείσῃς Διὶ πατρὶ καὶ ἄλλοις ἀθανάτοισι
πρῶτον, ἔπειτα δὲ καὐτὸς ὀνήσεαι αἴ κε πίῃσθα.
ἀνδρὶ δὲ κεκμηῶτι μένος μέγα οἶνος ἀέξει,
ὡς τύνη κέκμηκας ἀμύνων σοῖσιν ἔτῃσι.

Sobre a passagem, os comentários de Kirk acerca do adjetivo ἠπιόδωρος, "doce-dom", ajudam a avaliar a ternura da cena:

> ἠπιόδωρος, 'que dá presentes doces', é um hápax; o epíteto regular para μήτηρ [mãe] é πότνια [senhora], mas o cantador parece ter sentido, aqui, necessidade de algo mais específico, de modo a dar, para este encontro com Heitor em Troia, um tom mais afetuoso que o dos outros encontros. Num nível mais mecânico, ἐναντίη ἤλυθε não poderia se encaixar se μήτηρ estivesse precedido de πότνια. Um elemento mais possante pode ser detectado na linguagem de um trecho equivalente, quando Heitor se encontra com Andrômaca, em 394: ἔνθ'ἄλοχος πολύδορος ἐναντίη ἦλθε θέουσα [Lá mesmo se lhe achega a brilhante esposa bem-dotada]. As situações são, via de regra, as mesmas, e os versos, ambos, começam com ἔνθ(α); pela adaptação de ἦλθε em ἤλυθε e πολύδορος em ἠπιόδωρος, o cantador é hábil ao substituir 'mãe' por 'esposa' – supondo que este é o último e mais elaborado encontro e que ele é anterior em termos de concepção. De qualquer modo, ἄλοχος πολύδορος *sic* ocorre duas vezes na *Il.* e uma vez na *Od.*, e é provável que tenha sido a origem do único ἠπιόδωρος.[17] (Kirk, 2000, p. 194).

---

17 "ἠπιόδωρος 'of kindly gifts', is hapax; the regular epithet for

HÉCUBA

Se em Homero Hécuba consola, em Eurípides ela será consolada pela filha Polixena; se como soberana homérica é piedosa ao promover orações e ritos aos deuses (*Il.* 6, 286-311), o mesmo não veremos acontecer na cena ateniense. Dedicada a seu marido, atenta para os riscos da empreitada guerreira dos filhos, a quem, junto de Príamo, vigia da torre, como personagem épica ela resiste. Mãe e rainha, ela se preocupa, suplica em alta voz pela vida do pai de seus filhos e pela vitória do bastião de seus domínios (*Il.* 22, 79-91; 24, 193-227; 24, 203-301). É ela quem

> das alturas das muralhas de Troia vê Aquiles matar Heitor e é ela quem tira o véu, puxa o cabelo e emite um grito estridente (*kṓkusen*); depois dela, o pai geme (*óimōxen*) e as pessoas ecoam gritos e lamentos; mas é especialmente significativo que no mesmo verso a

---

μήτηρ is πότνια, but the singer may have felt the need for something more specific here, to sound the sympathetic note of Hektor's other encounters in Troy. On a mechanical level, ἐναντίη ἤλυθε could not be fitted in if μήτηρ were preceded by πότνια. A more powerful factor may be the equivalent language of Hektor being met by Andromakhe at 394, ἔνθ'ἄλοχος πολύδορος ἐναντίη ἦλθε θέουσα. The situations are broadly the same and both vv. begin with ἔνθ(α); by the adaptation of ἦλθε to ἤλυθε and πολύδορος to ἠπιόδωρος the singer is able to substitute 'mother' for 'wife" – supposing, that is, the later and more elaborate encounter to be earlier in terms of conception. At any rate ἄλοχος πολύδορος *sic* occurs 2 x *Il.*, 1 x *Od.*, and is likely to be the origin of the unique ἠπιόδωρος".

cabeça do herói morto é coberta com poeira, e a mãe se levanta em desespero.[18] (Loraux, 1998, p. 36).

O trecho a que Loraux se refere vale a pena recordar (*Il.* 22, 395-409); marcamos em itálico os dois termos citados pela helenista. Nos versos, o aedo descreve as intenções – e ações – de Aquiles para com o cadáver do troiano:

Só disse. Tecia obra, acinte pro divo Heitor.
Bifurou duplos nervos dos dois pés por detrás,
pelo tarso até o talo, com correias de boi enlaçou
través do carro, crânio ao chão largou pra arar!
Pro carro subido, alçou pra riba ufanas armas,
chibatou pra disparar, coagidos, que voassem.
Do carrilado dá poeirão, dos lados espalhados
cabelos breados, o crânio, poiado no pó, plana.
Foi gracioso antes, agora, por Zeus, pros rivais
entregue só pra vexar, vai pátrio chão afora.
E foi. O crânio, cabeça toda só pó! E daí a mãe
o cabelo tala, pilha, lança longe o sedoso xale

---

18 "Thus Hecuba, who from the heights of Troy's walls sees Achilles kill Hector and who takes off her veil, tears her hair, and emits a piercing shout (kṓkusen); after her, the father moans (óimōxen), and the people echo shouts and laments; but it is especially meaningful that in the same line the head of the dead hero is covered with dust, and the mother stands up in despair".

e, no que viu o filho, *soltou urro* enorme demais!
Ganiu então o pai devotado e, em roda, o povo
se detinha cidade abaixo com soluço e pranto.

ἦ ῥα, καὶ Ἕκτορα δῖον ἀεικέα μήδετο ἔργα.
ἀμφοτέρων μετόπισθε ποδῶν τέτρηνε τένοντε
ἐς σφυρὸν ἐκ πτέρνης, βοέους δ' ἐξῆπτεν ἱμάντας,
ἐκ δίφροιο δ' ἔδησε, κάρη δ' ἕλκεσθαι ἔασεν·
ἐς δίφρον δ' ἀναβὰς ἀνά τε κλυτὰ τεύχε' ἀείρας
μάστιζέν ῥ' ἐλάαν, τὼ δ' οὐκ ἀέκοντε πετέσθην.
τοῦ δ' ἦν ἑλκομένοιο κονίσαλος, ἀμφὶ δὲ χαῖται
κυάνεαι πίτναντο, κάρη δ' ἅπαν ἐν κονίῃσι
κεῖτο πάρος χαρίεν· τότε δὲ Ζεὺς δυσμενέεσσι
δῶκεν ἀεικίσσασθαι ἑῇ ἐν πατρίδι γαίῃ.
ὣς τοῦ μὲν κεκόνιτο κάρη ἅπαν· ἣ δέ νυ μήτηρ
τίλλε κόμην, ἀπὸ δὲ λιπαρὴν ἔρριψε καλύπτρην
τηλόσε, *κώκυσεν* δὲ μάλα μέγα παῖδ' ἐσιδοῦσα·
ᾤμωζεν δ' ἐλεεινὰ πατὴρ φίλος, ἀμφὶ δὲ λαοὶ
κωκυτῷ τ' εἴχοντο καὶ οἰμωγῇ κατὰ ἄστυ.

Complementando o comentário da cena rapidamente, citamos Kirk. Ele afirma que estes versos foram compostos

> no estilo mais pragmático do poeta, com uma descrição dolorosamente exata de como Aquiles perfura os

tornozelos de um homem morto, transpassa-os com correias e prende-os à carruagem. Os versos 399-400, exceto pela referência à armadura, poderiam ter servido para qualquer cena típica de partida. Os versos 401-404 também são objetivos e delimitados, e, ao mesmo tempo, não deixam de expressar o mais claramente possível o contraste terrível entre a beleza e a grandeza de Heitor e, ainda, a sua degradação atual.[19] (Kirk, 2000, p. 147).

A crueza e a praticidade de Aquiles no trato com o mais exuberante guerreiro troiano, aos olhos da mãe, ferem os deuses (*Il.*, 24, 51-170) e os homens mais fundamente que a morte. Kirk realça os contrastes máximos que Homero coloca em uma única cena. Ele apresenta extremos de beleza concomitantes à proposital destruição dessa mesma beleza, o padecimento e assassinato de Heitor em sua própria terra pátria, à frente de seus conterrâneos e parceiros; a força guerreira viva do priâmida em ação e a inanição após sua morte (Kirk, 2000, p. 149).

---

19 "are in the poet's most matter-of-fact style, with painfully precise description of how Akhilleus makes holes in the dead man's ankles, threads them with thongs, and fastens these to the chariot. Verses 399-400, apart from the reference to the armour, could have come in any typical scene of a departure. Verses 401-4 are also objective and detached, and yet at the same time the verses could not express more clearly the terrible contrast between Hektor's beauty and greatness and his present degradation".

HÉCUBA

Todos eles foram conjugados e harmonizados para criar um *páthos* demasiadamente violento. Tais contrastes ecoam as palavras de Hécuba, aquela que tudo previu e que suplicou ao filho para que não ousasse enfrentar o irado Aquiles, e, ao fazê-lo, apelou para uma das funções mais primevas e viscerais dos seres, exclusiva das fêmeas, o aleitamento com o próprio corpo. Hécuba diz, nos versos 79-89 do mesmo canto 22:

A mãe, ela, de lá, em choro afogada, arfava, e foi
aí que desnudou o colo; um dos seios exibiu!
E afogada em choro palavra ao vento proclamou:
"Heitor, fruto meu, preza isso e tem pena de mim,
se outrora te acalentei e no seio te levei, fruto
amado, lembra! Rechaça o homem-fera de cá,
fica muro adentro, não te metas contra este
rancoroso! Se acaso te mata, não te poderei eu,
com carpidos, velar, broto amado qu'eu flori,
nem a esposa bem-dotada! Aí, bem longe, a ti, ai
de mim, açodados cães vão, junto às naus, devorar."

μήτηρ δ' αὖθ' ἑτέρωθεν ὀδύρετο δάκρυ χέουσα
κόλπον ἀνιεμένη, ἑτέρηφι δὲ μαζὸν ἀνέσχε·
καί μιν δάκρυ χέουσ' ἔπεα πτερόεντα προσηύδα·
"Ἕκτορ τέκνον ἐμὸν τάδε τ' αἴδεο καί μ' ἐλέησον
αὐτήν, εἴ ποτέ τοι λαθικηδέα μαζὸν ἐπέσχον·

DA HÉCUBA E SEUS ANTECEDENTES MÍTICOS

τῶν μνῆσαι φίλε τέκνον ἄμυνε δὲ δήϊον ἄνδρα
τείχεος ἐντὸς ἐών, μὴ δὲ πρόμος ἵστασο τούτῳ
σχέτλιος· εἴ περ γάρ σε κατακτάνῃ, οὔ σ' ἔτ' ἔγωγε
κλαύσομαι ἐν λεχέεσσι φίλον θάλος, ὃν τέκον αὐτή,
οὐδ' ἄλοχος πολύδωρος· ἄνευθε δέ σε μέγα νῶϊν
Ἀργείων παρὰ νηυσὶ κύνες ταχέες κατέδονται.

Assim, afirmamos que não se trata de discutir, argumentar ou provar o que é certo e errado, trata-se tão somente de reconhecer um papel hoje colocado em xeque. Não é qualquer coisa amamentar e carregar no ventre, durante nove meses, uma vida; isso é tarefa maior, à qual todo ser que vive deve respeito. Por isso a moldura de um apelo forte e transido tecido por palavras que voam, ecoam, reverberam. A impiedade de matar um filho diante de sua mãe é perpetrada aqui e será também, por duas vezes, retratada nas tragédias euripidianas, *Troianas* e *Hécuba*, nas mortes de Astiánax e Polixena, respectivamente. Em *Troianas*, Eurípides coloca na boca de Helena, personagem acusada de desencadear o grande conflito narrado na *Ilíada* e na *Odisseia*, um argumento crudelíssimo contra a soberana: a culpada da guerra, da morte do povo troiano e de seus próprios filhos é a mãe do pior dos homens, Alexandre Páris. Resumindo em termos brasileiros: "Quem pariu Mateus que o embale!". Hécuba, através deste argumento, é incriminada por ter parido o causador-mor da guerra de vinte anos entre Micenas, Esparta e Troia. Humilhada em sua condição de mãe, ela cala sua suposta culpa, não retruca, não contorna, silencia-se. O impacto é de magnitude; seus ecos chegam até o Brasil e permitem adágios inclementes: "Toma que o filho é teu!", "De cobra não nasce passarinho", entre outros. Mas Eurípides, contra toda a fama de misoginia que se possa lhe atribuir, nisso é sensível, delicado, cuidadoso: um materneiro *avant la lettre* tal qual Homero na passagem iluminada. Detalhes preciosos sustentam a construção poética e aprumam a representação do feminino nesse passo. Mães podem ser vistas como árvores que dão brotos e frutos sobre a mãe terra; foi assim desde Hesíodo e Homero: Gaia, terra *mátria*,[20] terra pátria. Os trechos de Homero (*Il.* 6, 251-268; 22, 79-89) fazem uso de palavrinhas sugestivas (τέκνον/ "filho", "cria", "broto";[21] θάλος/ "broto", "rebento" e, por extensão, "filho")

---

20 Apesar de uma visada ambígua acerca do feminino, ou, mais especificamente, da mulher (cf. Marquardt, 1982), na *Teogonia* (v. 117), Hesíodo mostra Gaia como a sustentação do mundo que se cria. Em tradução de Jaa Torrano, "Terra de amplo seio, de todos, sede irresvalável sempre".

21 De acordo com o léxico grego-inglês de Liddell e Scott, τέκνον no singular, em Homero, é utilizado apenas no vocativo, com o significado de "filho", "meu filhote". O termo é mais raro na prosa ática que παῖς ["criança", "menino/a"]. Nas tragédias, ele permanece como vocábulo particularmente ligado ao afeto mãe-filho. No verbete, os autores realçam tal particularidade com citação do verso 896 da *Ifigênia em Áulide*, de Eurípides: ὦ τέκνον Νηρῇδος, ὦ παῖ Πηλέως [Ó fruto da Nereida, ó menino de Peleu!]. Eles observam também seu

que, se conjugadas com o símile famoso do canto 6 (146-149), são complementares:

Tal qual folhame a cepa dos bravos é.
O vento arrasta o folhame pela terra, a mata que floresce brota: sazão renasce, é floração!
A cepa de bravos é tal qual; cá e lá, brota, fenece.

οἵη περ φύλλων γενεὴ τοίη δὲ καὶ ἀνδρῶν.
φύλλα τὰ μέν τ' ἄνεμος χαμάδις χέει, ἄλλα δέ θ' ὕλη
τηλεθόωσα φύει, ἔαρος δ' ἐπιγίγνεται ὥρη·
ὣς ἀνδρῶν γενεὴ ἣ μὲν φύει ἣ δ' ἀπολήγει.

É deste modo que os bravos guerreiros são folhas de árvore, brotos de cepa nutriz. Mas, em tempos de guerra, será esta mulher-árvore-mãe que, contra a natureza, cumprirá os ritos fúnebres de seu mais constante defensor, o filho Heitor, nas exéquias. Ela há de declarar seu traspasso pela morte desse braço excelente (*Il.*, 24, 747-759), em passagem que encerra a *Ilíada*, lamento e canto de glória a um só tempo por ver o cadáver do filho incorrupto após os maltratos do herói, que, aqui em nossa tradução, nomeamos Aquileu.

uso metafórico: em *Os persas* (v. 168), de Ésquilo, "flores" são γαίας τέκνα [prole da terra]; em *Electra* (v. 897), de Eurípides, "pássaros" são αἰθέρος τέκνα [prole do ar]; e em *As rãs* (v. 211), de Aristófanes, "sapos" são λιμναῖα κρηνῶν τέκνα [prole pantaneira das fontes].

Aí, dentr'elas, Hécuba desatou queixume fundo:
"Heitor de meu coração, filho dos filhos todos,
eh, sim, foste o mimo dos deuses, quando vivo!
E eles zelaram por ti inda mesmo na sina de morte.
Os outros dos meus meninos, Aquileu-arisco-pé, no
que ladroava, pro de lá do mar areento, os leiloou lá
pra delá de Samos, de Imbro e da Lemnos nevoada!
A ti, co'aguço bronze teu sopro arrancou e foi a
fio, te arrastando em roda do rostral do parceiro
Pátroclo a quem varaste! Nem com isso o vivificou.
Mas tu, rociado e refrescado, junto a mim, em casa,
agora repousas, tal qual um que foi por Apolo
arco-prata colhido e com santas frechas abatido."

τῇσιν δ' αὖθ' Ἑκάβη ἁδινοῦ ἐξῆρχε γόοιο·
Ἕκτορ ἐμῷ θυμῷ πάντων πολὺ φίλτατε παίδων,
ἦ μέν μοι ζωός περ ἐὼν φίλος ἦσθα θεοῖσιν·
οἳ δ' ἄρα σεῦ κήδοντο καὶ ἐν θανάτοιό περ αἴσῃ.
ἄλλους μὲν γὰρ παῖδας ἐμοὺς πόδας ὠκὺς Ἀχιλλεὺς
πέρνασχ' ὅν τιν' ἕλεσκε πέρην ἁλὸς ἀτρυγέτοιο,
ἐς Σάμον ἔς τ' Ἴμβρον καὶ Λῆμνον ἀμιχθαλόεσσαν·
σεῦ δ' ἐπεὶ ἐξέλετο ψυχὴν ταναήκεϊ χαλκῷ,
πολλὰ ῥυστάζεσκεν ἑοῦ περὶ σῆμ' ἑτάροιο
Πατρόκλου, τὸν ἔπεφνες· ἀνέστησεν δέ μιν οὐδ' ὥς.
νῦν δέ μοι ἑρσήεις καὶ πρόσφατος ἐν μεγάροισι

κεῖσαι, τῷ ἴκελος ὅν τ' ἀργυρότοξος Ἀπόλλων
οἷς ἀγανοῖσι βέλεσσιν ἐποιχόμενος κατέπεφνεν.

Eis, por ora, a glória da triste Hécuba: enterrar seu filho amado no frescor e viço de quem ainda parece vivo. Nest'ora, a mofina tece louvores a Apolo. Kirk (2000, p. 357) lança luz sobre o papel leniente do protetor, "que mesmo na morte mantém incorrupto o corpo de Heitor"[22] nove dias após o resgate e vinte e dois dias depois de sua morte. Não foi tarefa fácil para o deus; mais de um mês se passou.[23] O pranto de Hécuba, mitigado por Apolo, não apaga a inculpação de Helena, antes comentada, nem o fato de a soberana, no passado, ter praticado uma ἔκτησις [exposição de um recém-nascido à própria sorte; no Brasil, depósito de um bebê na roda dos enjeitados] com Alexandre Páris, abandonando-o à morte logo após seu nascimento. Somam-se a estas dores o remorso por tê-lo poupado das mãos de rivais no monte Ida,

---

22 "who even in death keeps Hektor's body intact".

23 "No livro 24 (...), no décimo segundo dia (ou seja, desde a morte de Heitor: cf. v. 31), os deuses discutem e debatem acerca do destino deste corpo. Naquela mesma noite, Príamo visita Aquiles e, na madrugada do dia seguinte, retorna para Troia (v. 695-7). Os preparativos para a pira de Heitor duram nove dias, e, no décimo, o corpo é queimado." (Kirk, 2000, p. 5). [In book 24 (...) on the twelfth day (i.e. since Hektor's death: see on 31) the gods quarrel and debate the fate of the body. That night Priam visits Akhilleus, and at dawn next day he returns to Troy (695-7). The preparations for Hektor's pyre last nine days, and on the tenth the body is burnt].

onde se encontrava trabalhando como rude pastor, sobrevivente de um refugo. Hécuba carrega, por conseguinte, o belo Heitor morto em seus braços e o peso de ter gerado o tão nefasto Alexandre (cf. *Hécuba*, v. 629-656; cf. também, para a conjunção do belo com a morte, Poe, 2020, p. 255-277).

A mágoa sempre crescente de Hécuba em decorrência da ação duradoura e devastadora de Aquiles, que fez dos seus filhos mercadoria e cuja vida extirpou (*Il.*, 21, 74-96), ceifando atrozmente o mais ilustre deles, se manifesta no desdém pela deterioração do cadáver de Pátroclo, ínfima compensação. Enquanto o corpo deste se arruína, o de Heitor é preservado. Fechando o poema, a mais bela entre todas, Helena, filha de Zeus e Leda, diante da morte de Heitor, entibia-se. Príamo, em seguida, acende a pira e a *Ilíada* se apaga com o resplendor da aurora e o ardor da queima do corpo incorrupto do troiano. Em *Hécuba*, mais uma vez, o fulgor de Aquiles é diminuído pelo brilho de uma filha da rainha, Polixena, que, abatida como esposa para o Pelida sobre um altar, ganha a admiração de toda a tropa dos aqueus porque acata morrer heroicamente (cf. *Hécuba*, v. 547-582).

DA HÉCUBA E FILHOS
NA TRADUÇÃO DA TRUHERSA

A tradução que aqui se apresenta não se pretende facilitada nem popular, mas brasileira em seus requintes, sofisticações e, simultaneamente, simplicidades. Procuramos, acima de tudo, observar a chegada da palavra *dita* nos ouvidos do espectador, leitor e ouvinte. Assim, a leitura silenciosa da tradução pode ser penosa, mas a expressão em alta voz é auspiciosa. Procurou-se manter o ritmo de respiração sob o qual o ator do texto grego enunciava o léxico escolhido por Eurípides. Nessa conduta, sacrificamos a pontuação lexical (exigida para as interjeições, por exemplo) ou mesmo aquela exigida gramaticalmente na escrita e optamos por uma pontuação de linguagem a ser oralizada, com possíveis apócopes, síncopes, aféreses, crases, sinalefas, intercalações, reticências, interjeições inventadas... Seguimos indicações de Henri Meschonnic e começamos a praticar a oralidade como *rítmica sintático-linguística*[24] e, nesse

---

24 Meschonnic questiona, inclusive, a pontuação previamente estabelecida pela filologia clássica, cito: "Assim, enquanto os ingleses compreenderam, nos anos vinte, que era preciso reconhecer uma pontuação de teatro nas primeiras edições de Shakespeare, e parar de modernizá-la, não existe, ainda, quase nenhuma edição dos textos franceses dos séculos XVI, XVII e XVIII que não corrija a pontuação. O mal atinge também os modernos. O que faz com que, do ponto de

sentido, também como *rítmica cultural* e *forma de representação do sujeito*, categorias que Meschonnic elencou para estudo. Nesses moldes, lidamos com o ritmo da escritura a partir de um imaginário respiratório que diz respeito ao corpo vivo inteiro, com a sua história particular e cultural.

> Por isso, o ritmo é ao mesmo tempo um elemento da voz e um elemento da escritura. O ritmo é o movimento da voz na escritura. Com ele, não se ouve o som, mas o sujeito. (Meschonnic, 2006, p. 43).

Assim, o teatro passa a ser lido pelo ritmo de sua enunciação e, com isso, passa a ser um tipo particular de oralidade (ainda que não seja toda ela, como adverte Meschonnic). Para este gênero, serve o que o autor formula:

> Com a oralidade, como para qualquer acontecimento da linguagem, a questão é o sentido. Ou, sobretudo, os modos de significar. É o que faz da edição dos textos,

---

vista da oralidade, que é sua literalidade, e também uma teatralidade, mesmo que eles não sejam textos de teatro, suas edições sejam ilegíveis, inutilizáveis. Em outras palavras, elas advêm da filologia, não da poética. Mas de uma filologia que ainda não compreendeu que ela precisa da poética." (Meschonnic, 2006, p. 19-20). Cito ainda Veronika Görög-Karady (*apud* Meschonnic, 2006, p. 51), para quem o oral, em literatura oral, é definido pela "multiplicidade de suas variantes". As citações de Meschonnic (2006) são traduzidas por Cristiano Florentino.

no que diz respeito à pontuação, ou da tradução e do
funcionamento da literatura em geral e da poesia em
particular as pedras de toque da teoria da linguagem.
(Meschonnic, 2006, p. 39).

Ou ainda: "O falado tem sua própria pontuação: a entonação e as pausas." (Meschonnic, 2006, p. 40). Seguindo os parâmetros que postula o autor para a poesia na tradução do teatro, repensamos e detivemo-nos, inúmeras vezes, na hipótese de uma respiração pontuadora. Afinal, pelo que declara o poeta e tradutor francês,

> os editores não sabem ainda hoje que a pontuação
> na poética de um texto é seu gestual, sua oralidade. E
> mesmo que ela seja apenas o feito dos tipógrafos da
> época, ela pertence à sua historicidade. É, por isso,
> oportuno examinar mais de perto como opera a identificação do falado e do oral, que determina uma tal
> situação da leitura. (Meschonnic, 2006, p. 23-24).

De acordo com o premiado autor da *Poética do traduzir*, essa postura repercute imediatamente no fazer tradutório. Para ele,

> a confrontação das traduções mostra que a tradução é
> transformada se o ritmo entrar em seu programa, no

lugar em que considerar apenas o "sentido" seria desconhecer o funcionamento do texto, e finalmente seu "sentido" mesmo. Não se pode dizer que a tradução com e para o ritmo seja mais "difícil". O que mudou foi somente porque uma poética se ativou na tradução, enquanto que as traduções do sentido se fazem numa ausência de poética. Traduzir a poética não é mais difícil. É somente uma relação com a linguagem que não se limita à filologia, à língua. Ela não se opõe ao saber. Ela impõe um outro saber. Ela mostra que não basta o saber a língua. As traduções fazem somente o que sua teoria da linguagem lhes diz para fazer.[25] (Meschonnic, 2010, p. 47).

Todavia, não confundamos ritmo com métrica. O próprio Meschonnic (2010, p. 55), ao comentar a tradução do hexâmetro dactílico de Homero, sugere "uma prosódia não métrica". A via rítmica sem a rigidez métrica abre janelas para mostrar um horizonte mais leve. Nunca assimilamos as escansões e os pés marcados. Parece-nos meio impossível caber no português uma métrica correspondente aos tons e semitons do grego, às suas longas e breves. Cremos que a métrica vertida de forma tônica, nesse caso, leva a apagar a

---

25 As citações de Meschonnic (2010) são traduzidas por Jerusa Pires Ferreira e Suely Fenerich.

possibilidade da nuança ainda recuperável numa prosódia de intenções, pois, tal como indica Fortuna (2000, p. 71), a expressão vocal do ator "não se baseia na pontuação gramatical e sim na flutuação dos impulsos mentais" da personagem que atua através dele. O ritmo certo surgirá da escuta e da repetição do verso.

A repetição é chave importante no texto teatral. Ela permite ao ator dar vazão à sua criatividade, pois, se no papel a palavra é a mesma, na voz do ator ela tem um espectro larguíssimo de variação tonal e intencional que, por sua vez, materializa mudanças de sentido extraordinárias. Muda-se o tom, muda-se a intenção, muda-se o sentido, muda-se o fluxo respiratório na expressão da frase.

Por isso, a repetição é música também. Tomo palavras de nosso maestro, Júlio Guatimosim, autor da partitura musical para *Hécuba*, para explicar, a seguir, o processo de composição musical calcada no texto traduzido.

POLIDORO COM JÚLIO GUATIMOSIM

Com Guatimosim, vamos focalizar a Abertura e o Prólogo do drama. A cena prevista se abre com um cadáver no centro da arena. Dele sairá – ou nascerá, se preferirem – um fantasma, o filho de Príamo e Hécuba, que narra sua tétrica história. A composição de Guatimosim teve igualmente a sua performance executada pelo criador da partitura, que explica:

> A composição musical da abertura de *Hécuba* foi planejada de forma que esta dialogasse tanto com o prólogo da peça – a entrada fantasmagórica de Polidoro, onírica, carregada de sentimentos difusos – quanto com a tensão e o drama característicos do gênero trágico em geral. O desdobramento de uma forma musical pouco linear e a aplicação de uma harmonia dissonante e de ritmos irregulares tendem a criar uma atmosfera tensa, que contribui para estabelecer, logo de início, um diálogo claro entre texto, cena e música. Esse diálogo, por sua vez, será alvo de ironias e paródias exploradas isoladamente em cada um desses elementos no desenrolar da peça. No caso da música, isso será feito, entre outras

formas, por meio de aproximações e pontos de contato entre a referência sonora inicial da abertura, de caráter hermético, e elementos familiares da música brasileira, cujo precedente se encontra na própria estrutura do texto, composta por diversas referências ao nosso patrimônio cultural. Na prática, essa relação entre texto, música e cena não poderia deixar de transparecer também na partitura. Nesse contexto, foi invertida a hierarquia entre esses três elementos. Diferentemente da ópera, em que normalmente os aspectos musicais possuem maior destaque, em *Hécuba*, e no teatro em geral, de uma forma ou de outra, o tempo musical está diretamente subordinado ao tempo do palco. Respeitou-se antes o ritmo do texto traduzido, e deve haver, por parte do sonoplasta, a disposição para respeitar também o ritmo da cena, que varia a cada apresentação. Desse modo, optou-se por arquitetar uma partitura que não só fizesse jus ao protagonismo do texto e do roteiro no contexto geral da obra, mas que também facilitasse o trabalho do profissional responsável pela difusão da trilha sonora durante o espetáculo, que terá em mãos uma partitura com marcações musicais integradas, de forma clara e precisa, à estrutura da peça. (Júlio Guatimosim para esta publicação).

Após o relato do compositor, passemos para a visualização da partitura produzida, em primeiro lugar a Abertura e, em seguida, o Prólogo.

Abertura

Júlio Guatimosim

Partitura em Dó

HÉCUBA

POLIDORO COM JÚLIO GUATIMOSIM

HÉCUBA

Prólogo

Polidoro se levanta bruscamente.
(Um repentino quebrar de ondas assoma-se junto a sua entrada.)

POLIDORO:

Saí! Rompi ventre dos mortos e portas de
treva d'onde mora Hades, longe dos deuses.

Polidoro, da Hécuba de Cisseu, filho nascido do pai
Príamo que, arrebatado, a mim, no que prendeu a
cidade dos frígios o pavor de cair sob a lança
grega, na calada, do torrão troiano me
abriga no ninho dum hóspede trácio: Poliméstor,
o que, adestrando povo cavaleiroso, sob lança,
semeia esta ótima várzea da península aí.
Mas pai, às canhas, despacha muito ouro comigo:
"É pra que, se um dia a torre ilíada tomba,
pros filhos vivos, míngua na vida não haverá."
Era caçula dos Priâmidas, então ele me fez
da terra escapulir: é que nem bater armas e
nem levar gládio braço, assim menino, podia.
E pelo tempo em que firmes as fronteiras da terra
e inteiros os muros da gleba de Troia ficassem,
e o irmão meu, Heitor, acertava com a lança;
eu, viçoso e com o hóspede paterno, o varão
trácio, às fartas, qual broto daninho, crescia!

Aí, depois que se esvai Troia - e o sopro de
Heitor - e a férula do pai se apagou e ele
próprio, no altar do deus, cai dessangrado
pelo carniceiro do filho de Aquiles, aí, pelo
ouro o hóspede do pai mata esse infeliz aqui,
e, no que morto me fez, no turbilhão do mar
me largou, pra que, em casa, só com o ouro ficasse.
Então, boio sobre recifes e mais lá no sumidouro
d'água. De arrasto, no vai-volta das ondas,
sem choro, sem velas, por cima de Hécuba, mãe
querida, exilado do corpo meu, me derramo. Ó, que
já é o terceiro fulgor que marejo, dês que,
de Troia,'tá 'qui, na terra desta península
aí, a minha dolorosa mãe. E os aqueus
todos, atracados barcos, sossegados,
descansam nos recifes deste torrão trácio!
É que, da tumba, o filho de Peleu fulgiu;
Aquiles retém todo esquadrão grego: os que
pra casa direto, mar afora, já remos batiam!
Ele exige, na tumba, ter a minha irmã
Polixena, como troféu e oferta amiga. E isso
aí logrará, e não ficará, da parte dos varões
amigos, sem prenda! E tal oferta puxa
pra morrer, neste dia de hoje, a minha irmã.
E dos dois filhos, a mãe verá dois defuntos
no chão: eu e mais a lastimosa moça-*vestal*.
Desponto então - pra ganhar um triste enterro - nos
carneirinhos d'onda, ante as passadas duma escrava.
E aos potentados lá de baixo suplico lograr
um túmulo e mergulhar nos braços da mãe.
Por mim, é certo, tudo que quero ter há de
ser! Mas saio pra longe da fanada Hécuba!
Aí, ó, eis! Ela, a pé, à sombra do abrigo
de Agamenão, aterrada por meu fantasma.

> Beú!
> (-ú!)
> Tom-tom
> *f*

Ô mãe, tu que, de soberbas moradas,
vês o dia servil... Tão mal agora quanto antes
bem! No que um dos deuses no prumo
assim te botou, arriou o triunfo de outrora.

Mas a partitura completa não será aqui disponibilizada.[26] Já inserimos no texto a voz de Júlio Guatimosim e de Polidoro, sua personagem. Veremos à frente a voz de Polixena. Hécuba, nas palavras de Anita Mosca, virá depois.

Passemos às filigranas textuais, três. Comecemos por Polixena.

> Depois que seu filho fantasma se afasta, a lutuosa Hécuba desperta de um pesadelo profético e assustador; o público talvez espere que ela vá, então, receber a terrível notícia da morte do filho. Em vez disso, Hécuba quase imediatamente recebe do coro de Mulheres troianas a notícia de que sua filha Polixena deve ser sacrificada para Fantasma de Aquiles (párodos, 98-151); seus problemas parecem nunca parar. Ela chama Polixena de dentro da sua tenda e lamenta com sua filha.[27] (Foley, 2015, p. 35).

---

26 Você pode, contudo, ouvi-la no seguinte endereço: www.relicarioedicoes.com/blog

27 "After her son's ghost departs, the grieving Hecuba awakens from a prophetic and frightening nightmare; the audience might have expected that she would then receive the terrible news of her dead son. Instead, Hecuba almost immediately learns from a chorus of Trojan women that her daughter Polyxena is to be sacrificed to Achilles' ghost (parodos, 98-151); her troubles never seem to stop. She calls Polyxena from within and laments with her daughter".

POLIXENA NO TEXTO: COISAS DE FILHOS E DE MÃES

Hécuba, depois da saída de cena do assomado Polidoro, já tendo sido amputada de seus filhos heróis, assume-se como mísera mãe. Os meninos (Astiánax, Polidoro – julgado ainda vivo pela mãe – e o jovem Heleno) e as filhas que lhe sobraram serão, contudo, causa de acerba aflição, estratégia recorrida por Eurípides. E neste ponto do livro, o nosso escopo se estreita para perscrutar duas figuras específicas e relacionadas: mãe e filha, Hécuba e Polixena. Investigamo-las em situação de conflito extremo: a arenga demagoga de Odisseu e a súplica fracassada de Hécuba. Mostramos que, na crise, Polixena escolhe amparar quem sofre, tentar amainar a aflição do outro. Evidentemente, não pretendemos que ela alcance mudanças radicais; contra a violência não há recurso, senão ser pacífico. A Hécuba de Eurípides não aprendeu com sua filha; vingou-se demasiadamente, desumanizou-se. Já Polixena, árvore juvenil, semelhantemente a Níobe que fez do seu pranto fonte nutriz, plantou sementes de paz. Ao fim do embate entre Hécuba, Polixena e Odisseu, no drama euripidiano a jovem encerra o assunto epicamente (v. 369-378):[28]

---

28 O texto grego utilizado para a tradução de *Hécuba* nesta publica-

Escolta-me, Odisseu; no escoltar, me finas.
Alento sem anelo nem glória alguma vejo
pra nós, ao cumprir à risca, um dia, o que carecia.
Mãe, tu ó, não sejas pra nós *pedra no caminho*.
Fala nada. Nada executa. Joga de morrer junto
comigo, não vás acertar na desglória da vergonha.
Eh! Quem não usa provar o amargo, aguenta,
mas se condói com o jugo posto no pescoço!
E morto ele seria muito mais feliz que
vivo! É que viver sem brio é luta mor.

ἄγ' οὖν μ', Ὀδυσσεῦ, καὶ διέργασαί μ' ἄγων·
οὔτ' ἐλπίδος γὰρ οὔτε του δόξης ὁρῶ
θάρσος παρ' ἡμῖν ὥς ποτ' εὖ πρᾶξαί με χρή.
μῆτερ, σὺ δ' ἡμῖν μηδὲν ἐμποδὼν γένῃ,
λέγουσα μηδὲ δρῶσα, συμβούλου δέ μοι
θανεῖν πρὶν αἰσχρῶν μὴ κατ' ἀξίαν τυχεῖν.
ὅστις γὰρ οὐκ εἴωθε γεύεσθαι κακῶν,
φέρει μέν, ἀλγεῖ δ' αὐχέν' ἐντιθεὶς ζυγῷ·
θανὼν δ' ἂν εἴη μᾶλλον εὐτυχέστερος
ἢ ζῶν· τὸ γὰρ ζῆν μὴ καλῶς μέγας πόνος.

ção foi tomado de: Eurípides. *Euripidis Fabulae – Volume 1*. Ed.: Gilbert Murray. Oxford: Clarendon Press, 1902, disponível no Projeto Perseus.

POLIXENA NO TEXTO: COISAS DE FILHOS E DE MÃES

Polixena, com seu sacrifício voluntário em favor da família e da cidade, é um tema caro a Eurípides. Cabe a ela o honroso papel de tornar-se "o melhor dos guerreiros" troianos. Foley recorda a posição de Ruth Scodel a esse respeito, que exprime bem nossa maneira de ver:

> Ruth Scodel julga que o gesto de Polixena lhe restaura o seu status anterior, como um objeto valioso de beleza e desejo para homens de sua própria classe, e, embora potencialmente convide-os ao abuso físico (uma possibilidade que Hécuba teme), ela ganha para si honra, enterro e presentes. No mínimo, o gesto de Polixena [ao desnudar o peito à frente dos guerreiros], falando através do corpo, bem como pelas palavras, sublinha o poder de realizar sua escolha em vez de simplesmente articular isso. Por outro lado, sua escolha por uma morte nobre não é possível para os outros na peça, e seu sacrifício nem sequer facilita uma partida imediata para a frota.[29] (Foley, 2015, p. 45).

---

29 "Ruth Scodel thinks that her gesture restores Polyxena to her previous status as a valuable object of beauty and desire to men of her own class and, while potentially inviting physical abuse (a possibility that Hecuba fears), she wins for herself honor, burial, and gifts. At the very least, Polyxena's gesture, by speaking through the body as well as words, underlines the power of performing her choice rather than simply articulating it. On the other hand, her choice for a noble death is not possible for others in the play and her sacrifice does not even facilitate an immediate departure for the fleet".

HÉCUBA

Em termos práticos, na tradução, buscamos manter a mancha do texto (no desenho das palavras e frases) e as divisões silábicas dos termos ditos como balizas rítmicas. O recorte dos versos 369 a 378 nos servirá de exemplo. Já o verso 369 é marcado, no início e no fim, por duas repetições do verbo ἄγω, com modificações vocais sutis: ἄγ' οὖν μ' ("então me leva", traduzido por "escolta-me") e μ' ἄγων ("enquanto me levas", traduzido por "no escoltar"). Entre as repetições, há um infinitivo aoristo, καὶ διέργασαί: "estás a ponto de me destruir", vertido como "me finas". A primeira ocorrência de ἄγω está no imperativo, a segunda, no particípio presente. Na tradução, optamos por manter os modos (com seus ritmos de comando e duração) em detrimento do aspecto da ação simultânea, que também é marca forte no verso. A determinação de Polixena pareceu-nos o mais importante para a cena. A partícula modalizadora οὖν ("então", "já que é assim…") foi apagada. O particípio ἄγων (em permuta modal com o infinitivo διέργασαί) foi traduzido por um infinitivo (ἄγω por "escoltar"); já o infinitivo aoristo διέργασαί foi traduzido (em permuta temporal com ἄγων) por um presente simples ("me finas"). A repetição do verbo ἄγω no texto grego se manteve com "escoltar", com a diferença de, em uma ocorrência, o modo ser o imperativo e, na outra, o infinitivo.

Detalhes desse feitio se deram no texto todo; comentaremos os mais relevantes. O imperativo épico do verbo συμβούλομαι (v. 373), "fazer acordo", "decidir junto", foi traduzido por "jogar", trazendo para a fala de Polixena nítida ambiguidade entre a ação cênica e a narrativa metateatral. Na rabeira do prolongamento da zona de conforto cultural criada com o "joga de morrer junto comigo" – ou, em outras palavras, "brinca de morrer comigo, encena o morrer comigo" –, foi proposto um diálogo intertextual com a evocação de um poema muito conhecido de Carlos Drummond de Andrade, "No meio do caminho".

A escolha deste trecho para exemplificação deveu-se ao apelo à dignidade e ao direito de viver que ele rege. Pretendemos – tão somente – sensibilizar para uma possível construção da paz, já prevista no *modus operandi* grego e, particularmente, em Eurípides, dramaturgo que questiona insistentemente a guerra, lugar-comum nos estudos helênicos.[30] Anna A. Lamari, em *Reperforming Greek Tragedy* (2017, p. 39), admite inclusive ter sido ele um embaixador em missão diplomática pela paz na Sicília. De resto, a tragédia antiga é um gênero que encena e discute situações de crise e, ao fazê-lo, projeta soluções para o futuro. Nesse material cênico e textual, o atrito de gerações e o embate de hierarquias rígidas são evidentes. Abordar conflitos individuais ou coletivos – a

---

30 Cf. Neves, 1980, p. 107; Goff, 2013, p. 3, 9; Meineck, 2018, p. 215.

guerra é um deles – e colocar em público problemas espinhosos potencializa e virtualiza problemas, em um proveitoso laboratório de posições antagônicas. A distância temporal e espacial proporcionada ao espectador contemporâneo – que está diante de problemas que o afetam ainda hoje – instaura um vácuo adequado para o pensamento crítico.

Como um *spoiler* absoluto – já que estamos interessados no "como" e não no "resultado" da trama –, informamos ao leitor, tal qual o grego descortina no argumento citado no início desta obra, que os clamores de Hécuba, malgrado ecoem plenos de habilidade técnica, revestidos de justificação legítima e sofisticada, não mudam o rumo das decisões políticas de seus conquistadores. Ao fim de tudo, a senhora dos troianos – embora garanta a preservação de sua vida – desce às profundezas de sua animalidade, vinga-se de seus algozes e recebe a profecia de sua transformação em cadela. O enredo soa como uma ameaça: são legião as mães que ainda clamam a perda dos seus; são elas cadelas que ladram em vão?

Por isso, a tradução e a encenação de *Hécuba* são urgentes. Como afirma Loraux, Hécuba repete Aquiles e passa da dor à ira. Sua vingança se iguala à de Tétis, que compensa a morte de Aquiles com a de Polixena. Hécuba pedirá, em troca dos seus mortos, os dois filhos de Poliméstor (Loraux, 1998, p. 45-51). Como sair do ciclo de guerra, ódio e vindita, segundo Eurípides? Em que o espetáculo deste texto traduzido pode espraiar nossos horizontes nada belos?

Existe uma força de pacificação mais aderente: os atos de cuidar, preservar, nutrir, curar, acalentar, aconchegar e manter, que se contrapõem aos atos de extirpar, eliminar, disputar, atacar, matar. Mediante a visão absurda da ferocidade e da dureza contra a vida, resta o enfrentamento da morte, espelhando a dignidade, a serenidade e o cuidado maternal da doce Polixena para com Hécuba. Este é o clímax da primeira metade da peça. A filha é capaz de forjar a robustez e a fortaleza para atenuar a dor da mãe que desfalece. Imagem-mensagem para todos.

Neste ponto, os estudos de Sara Ruddick (pensamento maternal comentado na nota 10) vislumbram uma alternativa à sensação de "desespero em relação aos esforços equivocados das mulheres em compartilhar, igualitariamente, encargos que ninguém deveria suportar" (Ruddick, 1983, p. 475),[31] a saber, o recrutamento de seres humanos para ferir, fazer guerra ou morrer – como heróis ou militantes – por falta de escrúpulos de governantes perversos, por exemplo, além da prática banal e corriqueira de extirpar do próprio ventre vidas que se iniciam.

---

31 "despair at women's misguide efforts to share fairly burdens no one should bear".

Mulheres a serviço de homens

O helenista Charles Segal reforça o valor de denúncia do trecho em questão (v. 369-378). Para ele:

> Uma das funções de Polixena na peça é tornar essa inversão [do feminino, que passa de passivo para agente] o mais nítida possível, ao representar o papel da submissão desamparada, embora nobre, frente à violência masculina. Ela também ajuda a conectar a violência marcial com a sexual e, assim, introduz nesse cenário remoto temas associados com o *oikos*, o que se tornará importante no desfecho da peça.[32] (Segal, 1993, p. 174).

Alguns dirão, como Segal, que o trecho estabelece os estereótipos da virgem submissa e da mãe vingativa para Polixena e Hécuba, respectivamente. Esquecida, porém, foi, por ele, a atitude de, na cena de despedida, a mãe assumir a condição de filha e a filha se tornar mãe (v. 211-214). Esquecida também foi por Segal a conquista da própria liberdade pela jovem e gloriosa irmã de Heitor. Para o leitor confirmar

---

[32] "One of Polyxena's functions in the play is to make this reversal as sharp as possible by enacting the role of helpless, if noble, submission to male violence. She also helps to connect martial with sexual violence. She thus introduces into this remote setting themes associated with the oikos that will become important at the play's end".

isso, basta recorrer aos versos 154-414, trecho longo que não citaremos, mas busquem vê-lo na tradução os de boa vontade, por gentileza. Que força é essa que surge no momento da dor e faz com que o mais sacrificado olhe o seu algoz com altivez e serenidade? De onde podemos resgatar Polixena para termos mães e filhas inabaláveis?

Deixemos as melancolias e sigamos para assuntos mais objetivos. Embora profundamente humano, esse drama carrega um aspecto político curioso, salientado por Segal:

> *Hécuba* congrega rituais primitivos e políticos, sentimentos maternais intensos e questões de universais éticos. Seu final move a vingança pessoal e caracteristicamente feminina de uma mãe por seu filho dentro de um ambiente público que reflete tanto um tribunal como um debate sobre a política do Estado.[33] (Segal, 1993, p. 5).

---

33 "*Hecuba* brings together primitive ritual and politics, intense maternal feeling, and questions of ethical universals. Its ending moves a mother's personal and characteristically female vengeance for her child into a public setting that reflects both a court of law and a debate on state policy". Segal afirma também (1993, p. 11): "Na *Hécuba*, a astúcia de uma mulher num interior quase doméstico parece justificada pelas atrocidades que ela vinga. Mas essa trama também demonstra os horrores que as mulheres podem perpetrar, e por isso é trazida de volta sob o controle masculino num espaço quase público, dominado por homens, na cena do tribunal no final, com Agamêmnon presidindo. No entanto, até mesmo essa aparente estabilidade está aberta a novos riscos, pois o final indica que o ciclo de violência, astúcia, traição e vitória femininas, no interior da casa, continuará na

HÉCUBA

Bonita fala, mas perigosa. Discordamos da hipótese de que a vingança pessoal e cruel seja caracteristicamente feminina. Também Nicole Loraux sustenta, ao emparelhar Aquiles e Hécuba, a mesma discordância. Cremos que há outro modo de ler os gregos.

Levar seres humanos ao colapso afetivo animaliza homens e mulheres. Por que não se disse que a demagogia e a astúcia pública e oportunista de Odisseu, que entrega à morte Polixena, é caracteristicamente masculina? A misoginia clichê dos gregos é uma escolha; a cena de Polixena grita lirismos, ternura e trégua. Sua ação é louvada por sua mãe (v. 591-592: τὸ δ' αὖ λίαν παρεῖλες ἀγγελθεῖσά μοι γενναῖος/ De revés, o mal a mim pregoado, em brio poliste). O episódio de Polixena parece propor um novo modo de ser que deveria envergonhar aqueles que realçam a dor de Hécuba como a de uma mulher abespinhada. Quede a parceria entre

---

sequência, eliminando o arqui-senhor, Agamêmnon, numa traição muito mais ameaçadora do que o engano justificado e a violência de Hécuba contra um rei bárbaro e seus filhos". [In the *Hecuba*, a woman's guile in a quasi-domestic interior seems justified by the atrocities it avenges. But this plotting also demonstrates the horrors that women can perpetrate, and so it is brought back under male control in male-dominated, quasi-public space in the courtroom scene at the end, with Agamemnon presiding. Yet even this apparent stability is open to further risk, for the ending indicates that the cycle of female violence, guile, treachery, and victory in the interior of the house will continue in the sequel, eliminating the arch-*kurios*, Agamemnon, in a betrayal far more threatening than Hecuba's justified deception and violence against a barbarian king and his sons].

os humanos? Quem fez quem de vítima? Nelson Rodrigues tem razão, quem trai pode ser vítima, e quem é traído, algoz. Perdoa-me por me traíres... Pensamos que Eurípides já havia, no século V a.C., dito isso...

Polixena está presente por duas vezes no drama, na cena citada e na fala de Taltíbio. Após o sacrifício, o arauto relata a comoção dos guerreiros do seguinte modo (v. 571-582):

Di aí foi que, pela ferida, o ar se esvai,
nenhum argivo em outra peleja se vai,
senão que para, folhas nas mãos deles tendo, a
morta inteira refolhar; uns outros, a pira
com pinhos que levam, 'montoam, e quem num
levava, dos que levam, reproches ouvia:
"Te empacas, ô vil, não tens já na mão para
a moça-cadete nem roupagem nem ornatos?
Um nada não darás, acaso, pra mui brava
e nobre alma?" E eu, ao dizer isso da tua
niña morta, vejo-te tal qual a mais bendita
e a mais desgraçada das mulheres todas.

ἐπεὶ δ' ἀφῆκε πνεῦμα θανασίμῳ σφαγῇ,
οὐδεὶς τὸν αὐτὸν εἶχεν Ἀργείων πόνον·
ἀλλ' οἳ μὲν αὐτῶν τὴν θανοῦσαν ἐκ χερῶν
φύλλοις ἔβαλλον, οἳ δὲ πληροῦσιν πυρὰν

κορμοὺς φέροντες πευκίνους, ὁ δ' οὐ φέρων
πρὸς τοῦ φέροντος τοιάδ' ἤκουεν κακά·
Ἕστηκας, ὦ κάκιστε, τῇ νεάνιδι
οὐ πέπλον οὐδὲ κόσμον ἐν χεροῖν ἔχων;
οὐκ εἶ τι δώσων τῇ περίσσ' εὐκαρδίῳ
ψυχήν τ' ἀρίστῃ; τοιάδ' ἀμφὶ σῆς λέγων
παιδὸς θανούσης, εὐτεκνωτάτην τέ σε
πασῶν γυναικῶν δυστυχεστάτην θ' ὁρῶ.

Ao ler os versos 573-574, recordemos o símile das folhas em Homero: "O vento arrasta o folhame, mas a mata brota". A repetição do tema por Eurípides é contundente. Polixena quebra um ciclo de violência. Para Segal,

> esse contraste entre mãe e filha, mudança e fixidez, pode – em vez de atenuar – aumentar a sensação de degeneração. Como a própria Polixena diz, a morte é talvez o destino mais fácil (v. 349ss). O preço de permanecer vivo é a brutalização".[34] (Segal, 1993, p. 161).

Para Polixena, talvez a morte seja o caminho mais simples; para nós que a observamos, não é bem assim. À

---

34 "This contrast between mother and daughter, change and fixity, may enhance rather than mitigate the sense of degeneration. As Polyxena herself says, death is perhaps the easier fate (349ff.). The price of staying alive is brutalization".

iminência da perda, sofremos – homens e mulheres, gente – como mães. Vemos nosso melhor fruto abortado: a dignidade (tanto para o caso de Polixena quanto para o caso de sua mãe). Técnica eficaz do bom Eurípides. E vamos ouvindo o tom de Homero nos clamores alucinados da Hécuba que lamenta seus filhos, frutos, rebentos e brotos. Ouvimos também a voz de Eurípides-bom-assombro a forjar, ainda hoje, ecos dos versos 158-163: "Ô eu! Quem me guarda? Que parente? (...) Como? Por aqui, por de lá, avanço? Onde me apoio? Donde?". Somos todos Hécubas a ouvir os comandantes a falar (v. 225-226; 321-326):

> Sabes bem o enredo!? Não vás provocar rude
> resgate nem luta de tapas comigo!
>
> Mas como dizes dores padecer, *rescuta* de mim
> isto: entre nós e, não menos abatidas que tu,
> há mulheres calejadas e até veteranas, e
> moças precisadas de moços, os mais ardentes;
> mas deles, o pó do monte Ida já cobriu os corpos.
> Encara isso! (...)

Eis aqui a mais pura aporia. Que farão as mães e as filhas para preservar o mundo que está morrendo – revivemos a peste de *Édipo Rei* –; estará condenada a vida? Conseguimos ainda plantar sementes de paz, árvores de vida, de força, de futuro, como? Que desejo enorme temos, para gritar horrores, de encenar tragédias e dizer para os que decidem as leis do mundo (v. 251-259; 276-278):

> E tu não te corróis com tais decididos, tu que,
> de mim, aturaste quanto aturar dizes, e nada de
> bom pra nós executas, malfazendo o mais que podes?
> Semente chocha a vossa, os que dos falastrões
> os prêmios invejais! Antes nem me conhecêsseis,
> os que entrevam os amigos sem pestanejar,
> se tendes brecha de algo pras turbas falar.
> Mas, então, por qual falcatrua foi que os chefes
> tiraram voto de morte pra esta menina aqui?
>
> (...) eis que te rogo e suplico:
> não me roubes das mãos o fruto, e vós
> todos, não mateis! Já há mortos que chega!

Calamos outros possíveis comentários pontuais sobre filhos e mães. Temos consciência de que a voz da *Hécuba* de Eurípides é a de todos os corpos que atuaram em *Hécuba* – atores, diretores, tradutores, editores –, de todos os tempos e pontos do mundo. Os atores, com suas dicções – fossem elas as antigas, carregadas de articulações inusitadas, as decadentes, as contemporâneas ou as vanguardistas, as que traziam gírias, neologismos, hápax[es] pessoais, sotaques e regionalismos, topicalizações, inversões e contorções – moveram, ergueram e reergueram as palavras de *Hécuba* escritas a tinta e colocaram-nas no ar sob a batuta dos diretores, tradutores e até mesmo dos editores. Nesses espaços, *Hécuba* foi absolutamente proteiforme: acolheu gestos e movimentos mínimos em salas confinadas; exibiu-se igualmente com aqueloutros exagerados, nos grandes teatros abertos. Sobre os que prescindiram do texto e se estruturaram sobre as formas de *páthe*[35] – catalogadas ou não –, os que viajaram da Grécia até os trópicos, sobre eles o assombroso da grande mãe euripidiana pairava. *Hécuba* acolhe também o gesto desesperado de Níobe, da mênade furiosa, da triste Alceste, da sacerdotisa Cassandra... Mães e filhas, latejantes em seus corpos de fêmeas, que Aby Warburg registrou, coletou e privilegiou no *Atlas Mnemosyne*. Todas elas foram matéria auxiliar para a tradução – sem palavras – dessa *Hécuba*. Queremos com isso afirmar que obras monumentais como as do teatro ático são aquelas que se conformam e simultaneamente dilatam-se, e que geram espetáculos de mortos e vivos, de letras, imagens e corpos, do passado e do presente.

---

35 Referimo-nos ao trabalho de Aby Warburg em seu *Atlas Mnemosyne* (Madri: Ediciones Akal, 2010).

No presente, estamos, literalmente, entre os que já se foram e os que hão de morrer. Assim, para traduzir, estivemos também entre mortos e morituros. Em meio a imagens fantasmáticas, sob e sobre elas, pousamos a palavra traduzida para um ator futuro vocalizar. O escopo é a palavra que materializa gestos, sons e formas. De fato, estamos em sintonia com Warburg quando ele afirma:

> Prefigurado plasticamente na Antiguidade, o triunfo da existência foi apresentado com toda a sua oposição trágica: entre afirmação da vida e negação do eu diante da alma dos descendentes que a viram representada no frenesi de um séquito orgiástico [por exemplo] no sarcófago pagão de Dioniso e no triunfo do imperador no arco do triunfo romano. A necessidade de lidar com o mundo das formas que correspondem a valores expressivos pré-definidos – sejam eles advindos do passado ou do presente – significa, para todo artista que quer fazer valer sua contribuição particular, a decisiva.[36] (Warburg, 2010, p. 2-3).

---

36 "el triunfo de la existencia plásticamente prefigurado en la Antigüedad se presentó con toda su trágica oposición entre afirmación de la vida y negación del yo ante el alma de los descendentes que la vieron representada en el frenesí de un séquito orgiástico en el sarcófago pagano de Dioniso y en el triunfo del imperator en el arco de triunfo romano. La necesidad de tratar con el mundo de las formas correspondientes a valores expresivos predefinidos – procedan estos del pasado o del presente – significa para todo artista que quiera hacer valer su particularidad la crisis decisiva".

POLIXENA NO TEXTO: COISAS DE FILHOS E DE MÃES

Esse mote a Truπersa seguiu na tradução de *Hécuba*. Exploramos imagens teatrais antigas e contemporâneas; o corpo morto de Alan Kurdi, que se viu no cartaz da chamada para o espetáculo *Hécuba 26-27*; o gesto de desespero de mães que contemplam o fenecer de seus filhos; a plateia que as observa... Foram essas imagens estampadas nas telas que auxiliaram a tradução e que encenaram por escrito o texto abordado. Níobe foi mais importante para a formação cênica do corpo de Hécuba. As imagens da mãe de Heitor remanescentes focalizam mais Polixena, vítima desesperada. Mas essa moça vitimada não é a que foi forjada pela tinta euripidiana, como vimos.

Polixena, Pio Fedi, Loggia dei Lanzi, Florença

Níobe, cópia romana, Galleria Uffizi, Florença[37]

---

37 Ambas as imagens foram extraídas do projeto Wikimedia Commons.

Nem sempre as imagens trágicas que temos são antigas ou correspondem aos textos. Mas tais imagens, ainda que não sejam da Antiguidade, consolidaram o nosso repertório visual. Nossa compreensão do teatro ático pretende abranger camadas temporais numerosas. Não priorizamos a busca de um purismo idealizado. Dentro do processo de criação da Truπersa, essa prática é, no mínimo, problemática. Assumimos a apropriação, admitimos que nossa versão dos trágicos gregos é *feita no Brasil*, com metaplasmos e ritmos de fala diversificados. Ela propõe a democracia linguística, praticando e convivendo com a tolerância (ἔλεος) e o respeito (φόβος). É assim que pretendemos traduzir Eurípides. Tentamos. Que julguem os leitores e espectadores o nosso trabalho.

Todavia, sem pretender que essa apreciação seja automática ou espontânea, revelamos algumas das estratégias utilizadas com o intuito de estabelecer e praticar uma escola de formação de tradutores de tragédia ática. Isso é bem razoável atualmente, já que, segundo Jorge Dubatti, estamos, mundialmente, numa etapa de "abertura epistemológica" viável, propedêutica para focalizar o entorno e refletir sobre ele.[38] O tempo é favorável também para considerarmos o teatro a partir de um outro lugar, o nosso. No caso de tragédias, talvez possamos até admitir que estamos mais livres da imposição de um paradigma europeu e mais propensos a contextos locais.

---

38 Cf. Muniz; Romagnolli, 2014, p. 260.

> Essa é uma mudança muito importante, porque começamos a reconhecer que temos que falar do que se passa [em nosso meio] e não do que deveria estar passando [algures e que deveríamos estar copiando]. (...) devemos começar a falar de coisas concretas. (Muniz; Romagnolli, 2014, p. 260).

Neste sentido, declaro que os motivos para traduzir e encenar foram práticos, pessoais, coletivos e simbólicos. Eu havia acabado de orientar uma mestranda[39] que traduziu *Hécuba*; tinha o texto grego bem fresco na cabeça e intentava corporificá-lo. Nesse meio tempo, vivenciei fatos impactantes na esfera pessoal: uma filha foi morar na Polônia, e um filho, nos EUA; a mãe, muito querida, morreu e, com tudo isso, experimentei perdas não pouco significativas... Tornei-me íntima de *Hécuba* e precisava de uma catarse de corpo, alma e mente. Tais foram minhas razões práticas e pessoais como diretora de tradução, a saber, aquela que escolhe, rege e estabelece o texto a ser traduzido; aquela que, após ter vivido as discussões e ensaios com toda a Truπersa, define as melhores opções lexicais, morfológicas, semânticas, sintáticas etc. Por outro lado, os principais motivos simbólicos que moveram e motivaram a todos foram sendo configurados aos poucos.

---

39 Moreira. *Hécuba, de Eurípides: uma perspectiva de tradução*, 2015. Dissertação.

Realçamos três deles: a formatura de uma participante do grupo, que já se colocava de partida, motivada por uma gravidez bem-vinda, mas inesperada; o impacto da trupe com a interpretação de um dos colegas, Bruno Scomparin, que associou o caso do menino Polidoro ao de Alan Kurdi; e, por último, a covid-19 e a impossibilidade de dedicar aos mortos o devido choro.

Não estranhe o leitor, por favor, pois, para nós, evocar publicamente a matéria pessoal e os bastidores do processo de pesquisa é já cumprir a meta do que vem a ser, no nosso ponto de vista, o teatro e a tradução como resultado do convívio: um balanço entre identidade e alteridade no mesmo *canal*, na mesma *hora*, no mesmo *espaço*. Desenvolvemos a sintonia que, por sua vez, tem a ver com a catarse física que teorizamos e experimentamos em aulas e ensaios, ou seja, a vivência, a um só tempo, do distanciamento provocado pelo φόβος (o medo-respeito-rejeição) e da identificação-piedade-compaixão provocada pelo ἔλεος. É nesse sentido que entendemos o teatro e a tradução como "exercício da democracia", que se faz pelo processo de quem se obriga a respeitar os limites do colega, da língua e do autor-dramaturgo e que avança rumo a intimidade, a solidariedade e a comiseração diante da fraqueza de cada uma dessas instâncias.

Como antecipamos, o processo da Truπersa tem por escopo romper com as hegemonias de tempos coloniais e produzir uma tradução voltada para a própria realidade do país. A meta: sentir, interpretar, transpor e conjugar a vida nacional com a Grécia. Nossas traduções, antes de buscarem a tinta da letra euripidiana, buscam recuperar a cultura grega (na estrutura teatral que ela nos ofereceu e em suas raízes profundas de concepção do homem), de forma a integrá-la no contexto brasileiro para educar, confortar, acalentar, incitar e resolver ansiedades.

Apresentamos a seguir, em tempo e mais objetivamente, algumas estratégias tradutórias de um trecho bem delimitado: a fala de Taltíbio, o mensageiro do sacrifício de Polixena para sua mãe, Hécuba. Outras pontuações mais relevantes serão colocadas em quadro sinóptico.

QUE PARÂMETROS USAMOS PARA TRADUZIR TALTÍBIO?

Taltíbio é um caso à parte no *corpus* euripidiano. Ele é um mensageiro nomeado, homem ancião (v. 497-498) que cumpre apenas a função de emissário. Não afirmamos que seja imparcial; seu papel parece oscilar entre o ser soldado ético e solidário e um quase carrasco debochado, fanfarrão e irônico. Cético diante da passividade divina perante o absurdo do abate de Polixena, ele entra em cena. Sua fala é objetiva, ele encarna a responsabilidade de testemunha ocular (v. 524) que, por vezes, permite-se discretamente, de quando em quando, apiedar-se de sua interlocutora, Hécuba, embora se possa observar um leve tom de autopromoção. Seu discurso é construído em primeira pessoa, em interlocução direta com Hécuba (v. 518, 519, 522, 527, 580, 581), e, eventual e internamente, ele se dirige ao coro. Sua fala tem marcas de desvio em relação ao ático e pende para o épico – no uso, por exemplo, da tmese (v. 504). Há sutilezas que marcam sua dicção como única, por exemplo, na escolha do termo κρουνοί ("jorros"), mais rude e ofensivo, em lugar do termo mais frequente, κρήνη ("fonte"), no v. 568; também na utilização de dois oximoros (v. 518 e 566), garantindo a relutância de vontades narradas; e na frequência do

presente histórico (v. 528, αἴρει; 529, σημαίνει; 567, τέμνει;
574, πληποῦσιν) para garantir a imediaticidade da narrativa.
Tomemos sua primeira fala (v. 488-500):

Taltíbio
Meu Zeus! Que dizer? De duas uma: vês as
criaturas, ou, d'outra'í, auras vãs angariaste,
lérias, dos que acham ter mesmo uma raça
divina que a sorte tudo apura entre mortais?!
E ela'í não é rainha dos frígios ourados? E mais
aí, ela não é a consorte do *megafeliz* Príamo?
Mas a cidade, sob a lança, já foi toda evacuada
e esta aí, velha serventia sem filho, no chão
expira, esta que encarde a cara infeliz no pó.
Maus ao léu! Sou mesmo velho; ind'assim, antes
me fosse dado morrer que cair em sina ruim.
Apruma, molambo, e, de pé, endireita
as costas e essa tão branca cabeça.

Ταλθύβιος
ὦ Ζεῦ, τί λέξω; πότερά σ' ἀνθρώπους ὁρᾶν;
ἢ δόξαν ἄλλως τήνδε κεκτῆσθαι μάτην,
ψευδῆ, δοκοῦντας δαιμόνων εἶναι γένος
τύχην δὲ πάντα τἀν βροτοῖς ἐπισκοπεῖν;
οὐχ ἥδ' ἄνασσα τῶν πολυχρύσων Φρυγῶν,

QUE PARÂMETROS USAMOS PARA TRADUZIR TALTÍBIO?

οὐχ ἥδε Πριάμου τοῦ μέγ' ὀλβίου δάμαρ;
καὶ νῦν πόλις μὲν πᾶσ' ἀνέστηκεν δορί,
αὐτὴ δὲ δούλη γραῦς ἄπαις ἐπὶ χθονὶ
κεῖται, κόνει φύρουσα δύστηνον κάρα.
φεῦ φεῦ· γέρων μέν εἰμ', ὅμως δέ μοι θανεῖν
εἴη πρὶν αἰσχρᾷ περιπεσεῖν τύχῃ τινί.
ἀνίστασ', ὦ δύστηνε, καὶ μετάρσιον
πλευρὰν ἔπαιρε καὶ τὸ πάλλευκον κάρα.

Análise ligeira e em fluxo contínuo: de início, percebe-se na tradução a estranheza de um discurso escrito com marcas de vocalização. O ritmo foi buscado pelo decalque da mancha do texto grego e das sílabas lexicais, como apontamos anteriormente; o aconchego cultural provocou a alteração do ὦ interjetivo (v. 488) em "meu", que se acomodou na expressão abrasileirada "meu Z[D]eus"; o subjuntivo aoristo deliberativo λέξω ficou dramaticamente imediato na tradução "que dizer?"; o termo ἀνθρώπος assumiu sua vocação universal e se constituiu como "criatura" (v. 489 na tradução e 488 no texto grego). O uso da sinalefa (simulacro de fala oral) no verso 489 (tradução: "d'outra'í) compensa o apagamento da sinalefa do verso anterior, marcada na expressão σ' ἀνθρώπους; o uso da apócope no verso grego 497 (εἰμ', ὅμως) foi compensado pela aférese no mesmo verso, com a expressão "Sou mesmo velho; ind'assim, antes". Mantivemos todos os dêiticos do grego: τήνδε (v. 489) = "í" = "aí"; ἥδ' (v. 492) = "ela'í"; ἥδε (v. 492-493) = "mais aí, ela…"; αὐτὴ δὲ (v. 495) = "e esta aí", visto serem rubricas para o ator. Os intensificadores foram preservados e as interjeições φεῦ φεῦ (v. 497) foram traduzidas por sua sonoridade e de modo a gerar ambiguidade ("maus ao léu").

Finalmente, resta comentar a opção por "frígios ourados" (v. 492). Embora pareça ser determinante a possibilidade de um metaplasmo ("dourados" por "ourados"), a eleição não se limita apenas a ele. Há um eufemismo ou, se o ator achar bem, uma ironia aqui. O termo "ourar", segundo o Aulete Digital, é:

> ourar[1] (ou.*rar*) 1. Prover de ouro ou enfeitar com ouro; OIRAR. [F.: ouro + -ar]. / ourar[2] (ou.*rar*) 1. Provocar ou sentir oura, tontura [td.: O balanço do barco ourou a menina.] [int.: Sensível às variações de pressão, ourava(-se) sempre que subia a serra.] 2. P.ext. Perder a razão, cometer loucuras ou desatinos; alucinar, desvairar(-se) [int.: Ourava(-se) à menor provocação, às vezes chegando à violência.] [F.: oura + -ar[2].].

A escolha, portanto, pretendeu abrir lacunas e potências para a interpretação atoral.

QUE PARÂMETROS USAMOS PARA TRADUZIR TALTÍBIO?

Encerrando os comentários da primeira fala de Taltíbio, gostaríamos de esclarecer a importância de se manter a mancha do texto. Ora, cada sílaba aumentada no teatro – arte do efêmero – pode, em um texto como *Hécuba*, de 1.295 versos, se somar e significar, no cômputo, cerca de 20 minutos a mais no final do espetáculo. Isso é péssimo para uma tragédia. O espectador contemporâneo, cremos, não suporta a exposição a emoções violentas por tempo tão prolongado; duas horas no grego e, aproximadamente, duas horas e vinte minutos no português é *hýbris*. Na Truπersa, as palavras buscam seguir a dimensão do texto grego para que recuperem um ritmo respiratório mínimo, gerando uma atmosfera de naturalismo artificial e de estranhamento natural proposital.

Finalmente, vale registrar que recorremos a expressões brasileiras do tipo "meu Deus" (que se transformou em "meu Zeus") e simulamos, com metaplasmos, o ritmo da fala corrente. Nossa prática afirma pressupostos de Marlene Fortuna e Henri Meschonnic. A brasileira, em obra sobre a oralidade publicada na virada do milênio, assim se expressa:

> A expressão vocal do ator, portanto, não se baseia na pontuação gramatical e sim na flutuação dos impulsos mentais, daí seu caráter estético. Pontuação mental, sentimental, emocional, a transcender a pontuação gramatical. (...) Não falo em desconexões e ilogicidades

na comunicação teatral, ao contrário, aponto para a chama acesa da emissão, para a luz do falar em cena, para a libertação dos estereótipos (sempre tão traiçoeiros). Atos que se prolongam para além da pura camada de registros verbais. (Fortuna, 2000, p. 71).

Meschonnic, por sua vez, se expressa assim:

Entretanto, o discurso como movimento empírico da fala, na palavra falada, diz e escreve. Movimento do sujeito, movimento de sentido, dentro da pluralidade de seus modos. Lugar onde tudo é sentido, semântica prosódica, rítmica. Onde o ritmo conta mais do que o significado lexical para fazer sentido. Não mais se opõe ao significado, mas consiste na organização das marcas da fala. Paradoxalmente, o ritmo é, portanto, mais uma questão de teoria do discurso do que de fonética ou fonologia. O ritmo e o discurso são solidários.[40] (Meschonnic, 1982, p. 3).

---

40 "Mais le discours comme mouvement empirique de la parole, dans le parlé, le dit et l'écrit. Mouvement du sujet, mouvement du sens, dans la pluralité de ses modes. Où tout est sens, sémantique prosodique, rythmique. Où le rythme compte plus que le sens lexical pour faire le sens. N'est plus opposé au sens, mais consiste dans l'organisation des marques du discours. Paradoxalement, le rythme relève plus de la théorie du discours que de la phonétique ou de la phonologie. Le rythme et le discours sont solidaires".

QUE PARÂMETROS USAMOS PARA TRADUZIR TALTÍBIO?

Contudo, alertamos que buscamos respeitar as lacunas do texto, que traduzimos como "partitura" a partir da qual os atores hão de determinar – dentro das marcas orais, metaplasmos, pontuações etc. – um desempenho particular para si. Nessa proposta tradutória que fazemos, é oportuno recorrer a Antoine Vitez, que, em entrevista a Henri Meschonnic, comenta que o ritmo no teatro não se restringe à métrica ou à vocalização impostas pela escrita:

> (...) no teatro, o ritmo não é apenas a voz. (...) Quando as pessoas do teatro falam sobre ritmo, geralmente falam sobre o ritmo de uma cena – o ritmo de um momento, o ritmo de um movimento, o ritmo de um ato inteiro, o ritmo de uma peça. Às vezes, falamos também sobre o ritmo de um momento vocal, o ritmo de um trecho de um poema dramático. Mas, em última análise, o teatro não é composto de poemas dramáticos escritos em verso. No ritmo de uma peça teatral, o texto é apenas um dos componentes. (...) Não estou interessado nem um pouco no ritmo quando começo a ensaiar, ao contrário de muitos diretores. Não estou dizendo que estou certo. Não há certo ou errado neste caso. É minha prática, minha prática e meu gosto, e deve significar algo. Na condição de ator, como jovem ator, em escolas de teatro, fiquei frequentemente irritado

precisamente com isso. Como diretor, produzi meu teatro em reação ao que me ensinaram, às coisas que me irritavam. O que me irritou foram as práticas de encenação nas quais os atores são informados sobre qual será o ritmo da cena que representarão. Damos o ritmo no começo. Além disso, geralmente, fala-se sobre o ritmo de uma maneira muito simplista. Falamos sobre pingue-pongue, por exemplo – o ritmo das réplicas que são trocadas como as bolas num jogo de pingue-pongue. Ou falamos de um ritmo análogo ao ritmo do coração. E isso sempre me pareceu incompreensível. Eu nunca consegui, como ator, atuar seguindo um ritmo que me foi dado *a priori*. Quando comecei a encenar, o que me interessava era deixar passar o tempo dramático, o tempo das ações e as palavras, sem saber que ritmo haveria de se instalar. E gradualmente descobri o ritmo com uma espécie de prazer, de delícia; finalmente, um ritmo, que não sabíamos qual era, é encontrado. Esse ritmo nasce das relações dos atores entre si. Primeiro, os ritmos da vida dos atores. Existe um ritmo natural de pessoas diferentes. Algumas pessoas são mais rápidas que outras na vida, ou tocam algo assim, essa expressão de tal sentimento de modo espontaneamente mais rápido. E depois de algum tempo, reunindo as diferentes peças que montamos, descobrimos que o trabalho tem um certo ritmo que não conhecíamos. Ou que, algumas vezes, alguém podia sentir ou prever, mas não certeiramente, em todo caso nunca como algo previamente imposto. E é bastante análogo a essa ideia de cultura que é reconhecida apenas após o fato, ainda não sabemos quando é cultura. E o ritmo é assim também. É o que se encontra depois. Finalmente, é uma experiência muito pessoal a que descrevo aqui, e original, como ator. Era um parêntese, uma "resposta entre parênteses".[41] (Vitez, 1982, p. 24-25).

---

41 "(...) le rythme au théâtre, ce n'est pas seulement la voix. (...) Quand les gens de théâtre parlent du rythme, généralement ils parlent du rythme d'une scène – rythme d'un moment, rythme d'un mouvement, rythme d'un acte entier, rythme d'une pièce. On parle parfois aussi du rythme d'un moment vocal, du rythme d'un morceau du poème dramatique. Mais finalement le théâtre n'est pas composé que de poèmes dramatiques écrits en vers. Dans le rythme d'une comédie, le texte n'est qu'un des composants. (...) je ne m'intéresse pas du tout au rythme quand je commence le travail de répétition. A la différence de beaucoup de metteurs en scène. Je ne dis pas que j'ai raison. Il n'y a pas de raison ni de tort en l'occurrence. C'est ma pratique, ma pratique et mon goût, et ça doit vouloir dire quelque chose. J'avais toujours, comme comédien, comme jeune comédien, dans les écoles d'art dramatique, été irrité par ça justement. Et j'ai fait du théâtre comme metteur en scène en réaction contre ce que l'on m'avait appris, contre les choses qui m'avaient irrité. Ce qui m'avait irrité, c'étaient les pratiques de mise en scène où on dit aux acteurs quel doit être le rythme de la scène qu'ils vont jouer. On donne le rythme au départ. D'ailleurs c'est généralement dit d'une manière très simpliste. On parle de ping-pong par exemple – le rythme de répliques qui s'échangent comme des balles de ping-pong. Ou bien on parle d'un rythme analogue au rythme du cœur. Et ça m'a toujours paru incom-

Então, se o ritmo nasce das relações dos atores entre si, a tradução também sucede dessa forma. "Traduzir é conviver".[42] Por causa disso, levando ao extremo o respeito na convivência com os mortos, nunca inventamos ações que não foram programadas pelo autor, exceto em caso de tradução cultural oportuna. Se apagamos alguma intenção ou léxico, compensamos a perda noutro ponto, mas nunca impusemos um aceleramento ou uma morosidade arbitrárias. Seguimos

---

préhensible. Je n'ai jamais réussi, comme acteur, à jouer en suivant un rythme qui m'était donné *a priori*. Quand j'ai commencé à faire de la mise en scène, ce qui m'a intéressé, c'était de laisser s'écouler le temps dramatique, le temps des actions et des paroles, en ne sachant pas du tout quel rythme allait s'installer. Et je découvrais progressivement le rythme avec une sorte de jouissance, de délice; finalement un rythme se trouve, mais qu'on ne connaissait pas. Ce rythme naît des relations des acteurs entre eux. D'abord *des* rythmes de vie des acteurs. Il y a un rythme naturel des différentes personnes. Certaines personnes sont plus rapides que d'autres dans la vie, ou bien elles jouent telle chose, telle expression de tel sentiment spontanément de façon plus rapide. Et après quelque temps, en mettant bout à bout les différents morceaux qu'on a montés, on découvre que l'œuvre a un certain rythme qu'on ne savait pas. Ou que quelquefois on pouvait sentir ou prévoir, mais pas certainement, en tout cas pas imposé avant. Et c'est tout à fait analogue à cette idée de la culture qui n'est reconnue qu'après coup, on ne sait pas encore quand c'est de la culture. Et le rythme c'est ça aussi. C'est qu'on le trouve après. Enfin c'est une expérience tout à fait personnelle que je décris là, et originale, en tant qu'acteur. C'était une parenthèse, une 'réponse parenthèse'".

42   Repetimos um raciocínio rosiano já citado na nota 2. Ele está bem próximo do que afirma Vitez em relação ao ritmo no teatro e também afim ao que Dubatti propõe no que concerne às exigências humanas da tarefa de encenar.

QUE PARÂMETROS USAMOS PARA TRADUZIR TALTÍBIO?

as regras do jogo espelhando as opções do protagonista inicial, Eurípides. Vejamos, pois, mais um trecho de fala de Taltíbio, ocasião em que a personagem descreve o sacrifício. Trecho longo, mas único nesse detalhamento de estratégias tradutórias. Marcamos os fragmentos a serem observados já na primeira leitura por motivos didáticos. Segue a fala do velho soldado mensageiro (v. 518-582):

HÉCUBA

Ταλθύβιος
διπλᾶ με χρῄζεις δάκρυα κερδᾶναι, γύναι,
σῆς παιδὸς οἴκτῳ· νῦν τε γὰρ λέγων κακὰ
τέγξω τόδ' ὄμμα, πρὸς τάφῳ **θ' ὅτ'** ὤλλυτο.
παρῆν μὲν ὄχλος πᾶς Ἀχαιικοῦ στρατοῦ
πλήρης πρὸ τύμβου σῆς κόρης ἐπὶ σφαγάς·
λαβὼν **δ' Ἀχιλλέως** παῖς Πολυξένην χερὸς
ἔστησ' ἐπ' ἄκρου χώματος, πέλας **δ' ἐγώ**·
λεκτοί **τ' Ἀχαιῶν** ἔκκριτοι νεανίαι,
σκίρτημα μόσχου σῆς καθέξοντες χεροῖν,
ἕσποντο. πλήρες **δ' ἐν** χεροῖν λαβὼν δέπας
πάγχρυσον αἴρει χειρὶ παῖς Ἀχιλλέως
χοὰς θανόντι πατρί· σημαίνει δέ μοι
σιγὴν Ἀχαιῶν παντὶ κηρῦξαι στρατῷ.
κἀγὼ καταστὰς εἶπον ἐν μέσοις τάδε·
Σιγᾶτ', Ἀχαιοί, σῖγα πᾶς ἔστω λεώς,
σίγα σιώπα· νήνεμον δ' ἔστησ' ὄχλον.
ὃ **δ' εἶπεν**· Ὦ παῖ Πηλέως, πατὴρ **δ' ἐμός**,
δέξαι χοάς μοι τάσδε κηλητηρίους,
νεκρῶν ἀγωγούς· ἐλθὲ **δ', ὡς** πίῃς μέλαν
κόρης ἀκραιφνὲς **αἷμ', ὅ** σοι δωρούμεθα
στρατός **τε κἀγώ**· πρευμενὴς **δ' ἡμῖν** γενοῦ
λῦσαί τε πρύμνας καὶ χαλινωτήρια

QUE PARÂMETROS USAMOS PARA TRADUZIR TALTÍBIO?

Taltíbio
Duo de prantos me exiges sacar, mulher, com
nênias por tua *niña*! E agora, dores catando, a
520 vista vou afogar tal qual fiz no **qu' ela** perecia
junto à campa! Era da frota aquiva, de cara pro
abate da tua moça na tumba, todo o batalhão!
Foi o filho **d'Aquiles** que de Polixena a mão
prendeu. De pé, no topo do encerro – eu junto –
525 altanados moços favoritos dos aqueus, por
mo'de reter **co'as** duas mãos os pinotes da
cabrita tua, escoltavam. **Co'as** ambas mãos, o
filho de Aquiles cheio copo **d'ouro**-puro prende,
empina a mão e, **pro** pai morto, derrama! Aí
530 acena, **pr'eu** silêncio exortar a todo o esquadrão
aqueu. E eu, em meio a prantos, isto disse:
Calai, aqueus, na caluda todo povo seja!
O silêncio timbrou-se! O poviléu serenei.
Aí, ele disse: "Ô filho de Peleu, pai meu,
535 acolhe, por mim, este propício derrame,
invocatório de mortos! Sobe **pra** que sorvas da
moça pura o sangue torvo que te regalamos o
esquadrão **e mais eu**! Sê prestimoso **co' a** gente!
Dos navios, *larga amarra! Proa leva!*

νεῶν δὸς ἡμῖν †πρευμενοῦς† τ' ἀπ' Ἰλίου
νόστου τυχόντας πάντας ἐς πάτραν μολεῖν.
τοσαῦτ' ἔλεξε, πᾶς δ' ἐπηύξατο στρατός.
εἶτ' ἀμφίχρυσον φάσγανον κώπης λαβὼν
ἐξεῖλκε κολεοῦ, λογάσι δ' Ἀργείων στρατοῦ
νεανίαις ἔνευσε παρθένον λαβεῖν.
ἣ δ', ὡς ἐφράσθη, τόνδ' ἐσήμηνεν λόγον·
Ὦ τὴν ἐμὴν πέρσαντες Ἀργεῖοι πόλιν,
ἑκοῦσα θνῄσκω· μή τις ἅψηται χροὸς
τοὐμοῦ· παρέξω γὰρ δέρην εὐκαρδίως.
ἐλευθέραν δέ μ', ὡς ἐλευθέρα θάνω,
πρὸς θεῶν, μεθέντες κτείνατ'· ἐν νεκροῖσι γὰρ
δούλη κεκλῆσθαι βασιλὶς οὖσ' αἰσχύνομαι.
λαοὶ δ' ἐπερρόθησαν, Ἀγαμέμνων τ' ἄναξ
εἶπεν μεθεῖναι παρθένον νεανίαις.
οἳ δ', ὡς τάχιστ' ἤκουσαν ὑστάτην ὄπα,
μεθῆκαν, οὗπερ καὶ μέγιστον ἦν κράτος.
κἀπεὶ τόδ' εἰσήκουσε δεσποτῶν ἔπος,
λαβοῦσα πέπλους ἐξ ἄκρας ἐπωμίδος
ἔρρηξε λαγόνας ἐς μέσας παρ' ὀμφαλόν,
μαστούς τ' ἔδειξε στέρνα θ' ὡς ἀγάλματος
κάλλιστα, καὶ καθεῖσα πρὸς γαῖαν γόνυ
ἔλεξε πάντων τλημονέστατον λόγον·

QUE PARÂMETROS USAMOS PARA TRADUZIR TALTÍBIO?

540 Dá-nos lograr, na volta **d' Ílion**, um franco
     retorno e, a todos, rumo à pátria arrivar".
     Coisas assim falou e todo o esquadrão rezou.
     Despois tomou do cutelo-dois-cumes-**d'ouro**,
     puxou o cabo do cepo e **pro** alto escalão de moços
545 da tropa argiva bateu alerta de pegar a moça.
     Aí, ela deu cobro disso, e pronunciou um dito!
     "Argivos assaltantes de minha vila, *ouvi*,
     pressurosa morro! Não me toque ninguém
     a pele! Diligente, minha garganta disponho.
550 Deixai-me livre, que **livr' eu** morra,
     pelos deuses, sem amarras! Eu, principesca sendo,
     entre mortos, vexa-me tombar escrava."
     Aí a tropa fremiu e Agamêmnon rei
     aos cadetes ordenou soltar a moça.
555 E eles, no que ouviram o derradeiro mando
     do que era *megachefe*, deixaram-na.
     E ela, no que ouvia **est' ordem** de déspotas,
     prendeu do alto a túnica no ombro
     e a rasgou até o ventre junto **d' umbigo**,
560 os seios e o peito deixou ver tal qual uma *estauta*,
     belíssima, e no que dobrou o joelho em terra,
     disse uma palavra mais atrevida ainda:

Ἰδού, **τόδ', εἰ** μὲν στέρνον, ὦ νεανία,
παίειν προθυμῇ, παῖσον, **εἰ δ' ὑπ' αὐχένα**
χρῄζεις, πάρεστι λαιμὸς εὐτρεπὴς ὅδε.
ὃ **δ' οὐ θέλων** τε καὶ θέλων οἴκτῳ κόρης,
τέμνει σιδήρῳ πνεύματος διαρροάς·
κρουνοὶ **δ' ἐχώρουν**. ἣ δὲ καὶ θνῄσκουσ' ὅμως
πολλὴν πρόνοιαν εἶχεν εὐσχήμων πεσεῖν,
κρύπτουσ' ἃ κρύπτειν ὄμματ' ἀρσένων χρεών.
ἐπεὶ **δ' ἀφῆκε** πνεῦμα θανασίμῳ σφαγῇ,
οὐδεὶς τὸν αὐτὸν εἶχεν Ἀργείων πόνον·
ἀλλ' οἳ μὲν αὐτῶν τὴν θανοῦσαν ἐκ χερῶν
φύλλοις ἔβαλλον, οἳ δὲ πληροῦσιν πυρὰν
κορμοὺς φέροντες πευκίνους, ὁ **δ' οὐ** φέρων
πρὸς τοῦ φέροντος τοιάδ' ἤκουεν κακά·
Ἕστηκας, ὦ κάκιστε, τῇ νεάνιδι
οὐ πέπλον οὐδὲ κόσμον ἐν χεροῖν ἔχων;
οὐκ εἶ τι δώσων τῇ **περίσσ' εὐκαρδίῳ**
ψυχήν τ' ἀρίστῃ; **τοιάδ' ἀμφὶ** σῆς λέγων
παιδὸς θανούσης, εὐτεκνωτάτην τέ σε
πασῶν γυναικῶν δυστυχεστάτην **θ' ὁρῶ**.

QUE PARÂMETROS USAMOS PARA TRADUZIR TALTÍBIO?

"Vê! **T'aqui ó**, se anseias esse peito golpear,
cadete, dá o golpe, dá! E se da garganta
565 careces, ei-la, aqui mesmo, pronta!" E ele,
sem querer querendo, preso pela moça, pio,
corta com o ferro as artérias de respiro!
Jorros *borbrotam* e ela, enquanto morria,
por demais precavida, tenta pudica cair,
570 velando dos'olhos varões tudo que podia.
D'aí foi que, pela ferida, o ar se esvai,
nenhum argivo em outra peleja se vai,
senão que para, folhas nas mãos deles tendo, a
morta inteira refolhar; uns outros a pira
575 com pinhos que levam,**'montoam**, e quem **num**
levava, dos que levam, reproches ouvia:
"Te empacas, ô vil, não tens já na mão para
a moça-cadete nem roupagem nem ornatos?
Um nada não darás, acaso, pra *mui* brava
580 e nobre alma?" E eu, ao dizer isso da tua
niña morta, vejo-te tal qual a mais bendita
e a mais desgraçada das mulheres todas.

Facilmente, o leitor/espectador vai reconhecer o uso de expressões abrasileiradas ("deu cobro",[43] "bateu alerta") e os metaplasmos. Os últimos foram realçados com negrito no grego e no portugûes, de modo a comprovar a estratégia euripidiana e a parceria musical, em correpetição, da Truπersa. Quando perdemos algum, compensamos em outro ponto, se possível. As expressões abrasileiradas funcionaram como adaptações culturais: versos de canções brasileiras e piadas televisivas (do programa Chaves, por exemplo: "sem querer querendo"); os metaplasmos, recursos que, como dissemos, João Guimarães Rosa utiliza largamente para simular oralidade e que estão presentes no texto grego (além da apropriação e da adaptação de estrangeirismos ao nosso ambiente fonético, das intenções aparentadas e da polissemia complexa)[44] foram cuidadosamente contemplados e repetidos, sempre que conseguimos. Por isso, o texto foi traduzido e grafado com inúmeras apócopes, para marcar um ritmo rápido ou descansado (na ausência da apócope) para a performance (ritmo que o ator definirá na intensidade, mas que vem determinado pelo autor desde a Antiguidade); e também para evidenciar a

---

43 Expressão retirada do livro *Locuções tradicionais no Brasil: coisas que o povo diz*, de Luís da Câmara Cascudo, capítulo "Casas encantadas" (1986, p. 261).

44 "intenção aparentada": expressão de Meyer-Clason (cf. Meyer--Clason; Rosa, 2003, p. 50). Já "polissemia complexa" é de Rosa: "polissemia complexa cheia de fortes sugestões" (cf. Meyer-Clason; Rosa, 2003, p. 6-7).

expressividade natural do "repórter" no fluxo contínuo da fala. Outros metaplasmos registrados pretenderam construir a particularidade da personagem e de seu discurso levemente épico: poviléu/povaréu; estauta/estátua; despois/depois. A inserção do metaplasmo "estauta" no ápice trágico da narrativa serviu, dramaturgicamente, como compensação pela perda, na tradução, de dois metaplasmos: τ' ἔδειξε (apócope) e θ' ὡς (apócope e sândi) e para refrigério de um *páthos* violentíssimo que precisava ser mitigado para um outro maior surgir, a saber, a descoberta do corpo morto de Polidoro.

Ao longo do trecho, tínhamos como regra a própria conduta do dramaturgo: se ele repetisse uma palavra, haveríamos de repeti-la, se ele variasse os usos, esforçar-nos-íamos por variá-los. Algum motivo existe nas duas atitudes do autor. Não foi fácil. Na conexão de palavras que trazem marca reduplicada no grego, como em στρατός τε κἀγώ (v. 538), seguimos os passos helênicos e reduplicamos também no português ("esquadrão e mais eu") e, com isso, alcançamos um simulacro da fala espontânea. Para "sepultura", por exemplo, o autor usa nesse trecho os termos τάφος, τύμβος, χώματος (que, vertidos ao português, viraram "sepulcro", "tumba" e "túmulo"). Não reclamamos da língua portuguesa, a variação de tais termos é bem semelhante à do grego. O problema é conciliar o ritmo (em número de sílabas, de clusters ou vogais), o ambiente fonético, o registro popular ou elevado, a beleza, a harmonia e... a variação!

ALGUNS PROBLEMAS E SOLUÇÕES

Em busca de um ritmo de fala e a fim de conciliar significado, sonoridade e tempo de execução, a frase grega σῆς παιδὸς οἴκτῳ ("com pena da tua menina"), verso 519-520, foi um desafio. A tradução soava pouco poética, o possessivo pesava, a trissílaba "menina" arrastava o verso. Alguns tradutores utilizaram o vocábulo "filha", uma palavra que, no entanto, raramente ocorre nos textos trágicos, já que, à época, o filho era tratado como produção (cria, fruto, prole, rebento, ninhada, penhor...). Optamos, então, por um estrangeirismo: *niña* ("com nênias por tua *niña*"). Isoladamente, o verso pode soar opaco; no contexto da performance, porém, por ter sido o tema tratado anteriormente (o sacrifício da moça), "niña" é claro. Além disso, o uso dessa palavra (comum na América Latina) não afetará a gramática da língua. No aspecto linguístico vocal, muito provavelmente o ator fará uma adaptação aos hábitos fonéticos do português e dirá "ninha", evocando "ninho", "cria", "ave" (este último vocábulo é metáfora com a qual o poeta designou Polixena no início da peça, v. 179). No aspecto sociocultural, "niña" dará a Taltíbio – o mensageiro de horrores – um maneirismo bizarro (se o ator não fizer a adaptação aos hábitos fonéticos da língua brasileira). Julgamos interessante a opção, melhor que, por exemplo, "mina", uma corruptela de "menina", mas que soa como gíria.

Utilizamos também um metaplasmo, "arrivar" em vez de "arribar" (v. 541), copiando uso de Guimarães Rosa ("Arrivou o 'Corpo di Ballo'. Possante, no aspecto físico, uma beleza"),[45] além de expressões modificadas do autor do *Grande Sertão: Veredas*, a saber, "o silêncio timbrou-se"[46] em vez de "o silêncio timbrava-se",[47] de modo a valorizar o requinte de uso dos termos σῖγα, σίγα, σιώπα (v. 532-533). No verso 539, utilizamos fórmulas de comando de que se servem os

---

45   Bizzarri; Rosa, 1981, p. 110.

46   (Aulete Digital) Timbrar: 1. Pôr timbre, selo, carimbo etc. em. 2. Fig. Qualificar, chamar, ger. de modo pejorativo; APODAR; TACHAR. 3. Sentir orgulho de si mesmo, suas qualidades ou sua condição; orgulhar-se (por algo); posar de; HONRAR-SE; JACTAR-SE.

47   Rosa, 2009, v. 2, p. 495 (*Primeiras estórias*, conto "Darandina"). Para o recurso, acrescentamos que imitamos Rosa em estratégia revelada a Bizzarri em correspondência datada de 19 de novembro de 1963 (Bizzarri; Rosa, 1981, p. 55): "Como Você vê, foi intencional tentativa de evocação, daqueles clássicos textos formidáveis, verdadeiros acumuladores ou baterias, quanto aos temas eternos. Uma espécie do que é a inserção de uma frase temática da 'Marselhesa' naquela sinfonia de Beethoven, ou da glosa do versículo de São João (Evangelho) no 'Crime e Castigo' de Dostoiévski. Com a diferença que, no nosso caso, ainda que tosca e ingenuamente, o efeito visado era o de inoculação, impregnação (ou simples ressonância) subconsciente, subliminal. Seriam espécie de sub-para-citações (?!?): isto é, só células temáticas, gotas da essência, esparzidas aqui e ali, como tempero, as 'fórmulas' ultra-sucintas. (Um pouco à maneira do processo de modificações do tema – que ocorre, na música, nas *fugas*?)".

marujos brasileiros, "Larga amarra! Proa leva!".[48] Nossa intenção, com o uso de jargões profissionais entre os quais inserimos "foi sem querer querendo", foi dar um ar épico popular para a fala de Taltíbio. Em contraponto, ver-se-á que não evitamos, na tradução, termos obscuros. Não se cogite a pretensão de elitização ou de enobrecimento, trata-se de simulacro de estranhamento e mistério. Seguimos, mais uma vez, recomendação do escritor mineiro:

> Estes adjetivos (...) são, no texto original, qualificativos rebuscados, que o leitor não conhece, não sabe o que significam. Servem, no texto, só como "substância plástica', para, enfileirados, darem ideia, obrigatoriamente, do ritmo sonoro de uma boiada em marcha. Por isso, mesmo, escolheram-se, de preferência, termos desconhecidos do leitor; mas referentes aos bois. Tanto seria, com o mesmo efeito, escrever, só: la-lala-la... la, rá, la, rá... lá-lá-lá... etc., como quando se solfeja, sem palavras, um trecho de música. Note também como eles se enfileiram, dois a dois, ou aliterados, aos pares de consoantes, idênticas, iniciais, ou rimando. Penso que, o melhor, numa tradução, seria fazer-se, em inglês, coisa

---

48 Cherques, 1999, p. 45 (amarra) e 430 (proa).

análoga. (...) Todo o período é, pois, de função plástico-onomatopáica. (Rosa *apud* Verlangieri, 1993, p. 190).

Acatando em *lato sensu* tal recomendação, usamos em todo o texto, não apenas para Taltíbio, expressões de um tom escuro brilhante: "auras vãs" (v. 489); "lérias" (v. 490); "frígios ourados" (v. 492); "nênias por tua niña" (v. 519); "pressurosa morro" (v. 548); "principesca sendo" (v. 551); "vexa-me tombar escrava" (v. 552). Almejamos com isso – e julguem ouvintes & companhia o nosso feito – romper com a mecanização e a previsibilidade da tradução, buscando, antes, o decalque sonoro e rítmico, o simulacro de originalidade. Nos termos de Zumthor (1983, p. 7), manipulamos palavras para serem exibidas, erotizadas e conquistadas, quer pelo intelecto, quer pelo ouvido, enfim, pelo eco no espaço percorrido pelo som da voz de um ator em direção à plateia. Tal como afirmou Meyer-Clason, também para nós

> mais importante (...) é o tom da palavra falada do que a linguagem impressa. Se a frase não tem ritmo não contém verdade – uma verdade que vem comprovada pela prosa poética de João Guimarães Rosa a cada passo e compasso. (Meyer-Clason; Rosa, 2003, p. 49).

Lista de soluções *ad hoc* e *in loco*

Apresentamos a seguir soluções interessantes para situações embaraçosas, a fim de despertar a imaginação daqueles que vão ler ou assistir ao espetáculo um dia. Estamos, paralelamente, invitando-os a todos para assumirem a conduta de revelar os bastidores da tradução como estratégia para a formação de tradutores neófitos.

HÉCUBA

Verso	Tradução
(...) ἵν', εἴ ποτ' Ἰλίου τείχη πέσοι, τοῖς ζῶσιν εἴη παισὶ μὴ σπάνις βίου.	11 (...) Se um dia a torre ilíada tomba, 12 pros filhos vivos, míngua na vida não haverá.
μεθῆχ', ἵν' αὐτὸς χρυσὸν ἐν δόμοις ἔχῃ.	27 me largou, pra que, em casa, só com o ouro ficasse.
πολλοῖς διαύλοις κυμάτων φορούμενος, ἄκλαυτος ἄταφος· νῦν δ' ὑπὲρ μητρὸς φίλης	29 De arrasto, no vai-volta das ondas, 30 *sem choro, sem velas,* por cima de Hécuba (...)
ὁ Πηλέως γὰρ παῖς ὑπὲρ τύμβου φανεὶς	37 É que, da tumba, o filho de Peleu fulgiu
φανήσομαι γάρ, ὡς τάφου τλήμων τύχω, δούλης ποδῶν πάροιθεν ἐν κλυδωνίῳ.	47 Desponto então – pra ganhar um triste enterro – nos 48 carneirinhos d'onda, ante as passadas duma escrava.

Estratégia tradutória

Utilização do discurso direto como recurso dramatúrgico, uma espécie de rubrica inserida no texto. Polidoro fala como se fosse o velho Príamo.
No verso, resguardamos, pela oralidade, o pronome oblíquo antecedendo o verbo.
As expressões πολλοῖς διαύλοις κυμάτων ("levado pelo contínuo vai e vem das ondas") e ἄκλαυτος ἄταφος ("sem lamentos, sem sepultamento") ofereceram oportunidade para uma tradução cultural e intertextual. A primeira foi traduzida por "vai-volta": de vai + volta (composição por justaposição), que, segundo João Batista Gomes (2007, p. 134) e também o Aulete Digital, é "s. m. || sina. e pl. (Bras., Minas Gerais) (pop.) caixão em que, dos hospitais pobres, se leva defunto ao cemitério, e que volta para servir a outros defuntos". Já a expressão ἄκλαυτος ἄταφος, por sua vez, retomou a "Fita amarela" de Noel Rosa.
Tentamos fazer um trocadilho – bom para os ouvidos – com o particípio φανείς, "surgir". A opção foi: "fulgir" da tumba como uma possível corruptela auditiva para "fugir da tumba".
Infelizmente, aumentamos o tamanho do verso. Logramos, porém, um verso hipocorístico e iluminado com a tradução de φανήσομαι por "desponto" e de ἐν κλυδωνίῳ por "carneirinhos de onda", expressão inspirada na canção de Shakespeare: "Full fathom five thy father lies/Of his bones are coral made/Those are pearls that were his eyes/Nothing of him that doth fade…". Conferir ritmo e tom em: https://www.youtube.com/watch?v=TqmQUzvubAY. Vale recordar que "carneiros" é termo técnico de marinheiros para as marolas, ou seja, ondas pequenas e brancas que rebentam na praia.

Verso	Tradução
φεῦ·	54-55 (extra metro) Beú!
γνώμῃ δὲ μιᾷ συνεχωρείτην, τὸν Ἀχίλλειον τύμβον στεφανοῦν	125 uma sentença sufragaram: em roda 126 da tumba aquilonal, deitar sangue

ALGUNS PROBLEMAS E SOLUÇÕES

Estratégia tradutória
"Beú" é epíteto registrado em expressão idiomática: "triste como Maria Beú". Utilizamo-lo como interjeição e para expressar a dor de Polidoro ao ver chegar sua mãe. Segundo Luís da Câmara Cascudo (1986, p. 87): "Maria Beú era a 'Verônica', desfilando na procissão dos Passos, Sexta-Feira da Paixão. Acompanhava Jesus Cristo ao Calvário, chorando e cantando, lugubremente, as *Lamentações* de Jeremias. Cada estrofe termina com a exclamativa *Heu, Heu Domine!*, sempre pronunciada *Heú, Heú*, de onde o povo entendeu *Beú, Beú*, denominando a figura. A Verônica, vestindo negra túnica talar, cabeleira solta, levando nas mãos maceradas a Santa Efigie, feições que o Messias imprimira em suor e sangue, a voz lenta, a música dolente, arrastada, sepulcral, o passo trôpego, esmagado pelo sofrimento, sugeriu a própria imagem da Tristeza desolada, aflita, inconsolável. Não era possível existir entidade mais soturna e trágica como Maria Beú". Contudo, na ocasião do espetáculo, o ator que atuava como Polidoro serviu-se da interjeição para – como fantasma que era – assustar Hécuba, que saía de sua tenda, com um alto e bom "beú!".
Distorção de sentido, analogia sonora. Em lugar de propor a tradução pouco sonora "tumba aquiliana", isto é, tumba de Aquiles, preferimos usar a "tumba aquilonal", ou seja, tumba batida pelo vento Aquilão, vento norte frio e forte. O sufixo "-nal" remete o ouvinte para a esfera do exagero e associa termos como "boreal", "monumental", "passional", "colossal" etc.

Verso	Tradução
ἦσαν ἴσαι πως, πρὶν ὁ ποικιλόφρων κόπις ἡδυλόγος δημοχαριστὴς Λαερτιάδης πείθει στρατιάν	131 [no que desdobravam] propostas, na mesma ficavam, até que 132 o argiloso do Laertida, alfinete 133 macio-lero-lero-arrastagente, dobra [a tropa]
ἣ δεῖ σ' ἐπιδεῖν τύμβου προπετῆ	150 avistar, *caída em decúbito dorsal*
μεμνήμεθ' ἐς κίνδυνον ἐλθόντες μέγαν.	244 *E hoje nos lembramos, sem nenhuma tristeza, dos foras que a vida nos deu...*

ALGUNS PROBLEMAS E SOLUÇÕES

Estratégia tradutória
Buscamos o significado de maleabilidade e variação de cor presente em um dos termos que compõem a palavra ποικιλόφρων, "de mente ou coração furta-cor". Evidentemente, nossa escolha evoca o já consagrado epíteto "ardiloso" para o herói. Pensar Ulisses como argila é pensá-lo não só visivelmente, mas de forma palpável. No Houaiss, a argila é identificada como "substância terrosa **proveniente da degeneração** de rochas feldspáticas, constituída basicamente **pela combinação da sílica e da alumina**, em fragmentos inferiores a dois *micra* de diâmetro, com outras substâncias, o que lhe faz **variar a cor**, do branco ao avermelhado, a plasticidade e a capacidade de **absorção de água**; barro". Os negritos marcam nossa intencionalidade na tradução. Brincadeiras de sentido foram forjadas também almejando alcançar um ritmo específico de fofoca: "alfinete-macio-lero-lero-arrasta-gente".
Intertextualidade provocada com Manuel Bandeira no poema "Tragédia brasileira".
De forma irônica, remetemos o ouvinte contemporâneo para a canção "Minha herança: uma flor", de Vanessa da Mata.

HÉCUBA

Verso	Tradução
ἥδ' ἀντὶ πολλῶν ἐστί μοι παραψυχή, πόλις, τιθήνη, βάκτρον, ἡγεμὼν ὁδοῦ.	280 Contra tudo, ela aqui é fôlego, aragem, 281 ancoragem, sustento, apoio e rumo.
τὸν εὖ λέγοντα δυσμενῆ ποιοῦ φρενός.	300 [não faças amargoso] pra teu louco peito quem bem te instrui.
μῆτερ, σὺ δ' ἡμῖν μηδὲν ἐμποδὼν γένῃ	372 Mãe, tu ó, não sejas pra nós *pedra no caminho*.
ὁποῖα κισσὸς δρυός, ὅπως τῆσδ' ἕξομαι.	398 Eis-me: hera no tronco; nela liana vou.
ὡς τῆσδ' ἑκοῦσα παιδὸς οὐ μεθήσομαι.	400 Ó que por bem é que não solto a menina.
ὄλωλας, ὦ παῖ, μητρὸς ἁρπασθεῖσ' ἄπο·	513 Acabaste, filha, *pedaço arrancado de mim*!
ἡμεῖς δ' ἄτεκνοι τοὐπὶ σ'· ὦ τάλαιν' ἐγώ.	514 E nós – no que é por ti –, *desfilhadas*! Ai-me, mísera!

ALGUNS PROBLEMAS E SOLUÇÕES

Estratégia tradutória
O termo traduzido por "ancoragem" tem sentido geopolítico no grego (πόλις, "cidade", "vila"). Nicole Loraux (1998, p. 40) tece um belo raciocínio sobre a passagem: "Polixena é a minha cidade: uma declaração impossível e possivelmente proibida às mulheres em Atenas, exceto àquelas do teatro, que não têm o título de 'cidadãs', mas devem se dedicar à cidade". [Polyxena is my city: an utterance that would be impossible and virtually forbidden to women in Athens outside of the theater – women who do not have the title of 'citizen' but must devote themselves to the city]. Hoje, o peso da palavra "cidade" e a urgência de ser mãe fornecedora de cidadãos para a πόλις já não funcionam para mover afetos. Filhos não garantem cidadania, por isso a adequação tradutória. Polixena é minha πόλις/Polixena é meu porto seguro, ancoradouro.
Louco peito > "locupleto" = que está cheio, repleto, saciado.
Intertextualidade provocada com Carlos Drummond de Andrade no poema "No meio do caminho".
Ambiguação na tradução: ambiente sonoro gera "lhana" – "sincera", "franca", "fiel". Sugestão de (de)gradação: eis-me, (h)era no tronco; nela liana [lhana] vou.
Construção idiomática que elipsou o verbo ἴσθι ὡς ("sabe que...").
Intertextualidade provocada com Chico Buarque de Holanda na música "Pedaço de mim".
Decalque de João Guimarães Rosa em "Darandina" (cf. Rosa, 2009, v. 2, p. 492).

HÉCUBA

Verso	Tradução
κοινὸν δ' ἐξ ἰδίας ἀνοίας κακὸν τᾷ Σιμουντίδι γᾷ	641 desatino de um só, *malgeral* 642 avança terra do *Solsimões* afora (...)
θαλασσόπλαγκτόν γ', ὧδε διατεμὼν χρόα.	782 *Vagavante, retalhado na virtude do ferro.*

ALGUNS PROBLEMAS E SOLUÇÕES

Estratégia tradutória

Com o neologismo "Solsimões", estamos procedendo com um recurso que Rosa nomeia "polissemia complexa, cheia de fortes sugestões". Em Meyer-Clason; Rosa (2003, p. 6-7), afirma ele: "Em vez de: 'adormecer na estrada' fica: 'adormorrer na estrada' – (NOTA: de adormecer + morrer)". Rosa cita ainda: "TERRIVOROSOS, de terrív[el] + [pa]vorosos. Mas também de: terr[a] + [...] voro [de devorar] [cf. a expressão usual: 'com estes olhos que a terra há de comer'...]. É uma polissemia complexa, cheia de fortes sugestões". Em outra passagem, no mesmo trecho, ele revela: "'Tresmente'. Penso que é o 'cruzamento' ou superposição de 'entrementes' com o prefixo três..., de reforço, ou designativo de intensidade. Creio que o melhor será traduzir por: Entrementes, principalmente, ...etc.". Criamos "Solsimões", portanto, para sugerir Solimões que, por analogia, poderia se referir ao rio Simoente. No Aulete Digital: "simão^2 (si.mão) 1. Bras. AL Nome dado pelos pescadores ao vento sul, que sopra rijo e frio no litoral do estado. [F.: or. obsc.]". E ainda: "solimão s. m. || nome vulgar do sublimado corrosivo (bicloreto de mercúrio): A água para a sarna, feita de tanchagem e *solimão*. (Camilo, *Corja*, c. 17, p. 312) || Qualquer poção venenosa ou letífera: Que *solimão* vos deram, loucos, vede! (J. de Deus.) F. ár. Sulaimani".

O verso registra a forma poética de χρῶς, neutro. Para preservar o estratagema euripidiano, recuperamos um arcaísmo registrado em Luis Folgueras (1811, p. 64): "vagavante". Já a expressão διατεμὼν χρόα (retalhado em relação à pele) foi traduzida por um sintagma rosiano no contexto de menção ao cadáver de Hermógenes (cf. Rosa, 2009, v. 2, p. 388).

HÉCUBA

Verso	Tradução
ἀνὰ δὲ κέλαδος ἔμολε πόλιν·	928 Aí *sus*! Escarcéu na vila *pendeu*!
παῖδες Ἑλλάνων, πότε δὴ πότε τὰν	930 acaso, cadetes gregos, acaso enfim

    Outros segredos não serão revelados... Esperamos que os leitores, os ouvintes e os espectadores os decifrem. Para os que restarem ainda misteriosos, a revelação advirá com o tempo. Uma obra de arte nunca é visitada somente uma vez. A *Hécuba* de Eurípides é lida desde o século V a.C. e continua inaugural.

Estratégia tradutória

Importante aqui foi a tentativa de preservar a tmese marcada nos grifos.

Destaque para a tradução de παῖδες como "cadete". Do Aulete Digital: "(ca.de.te) [ê] sm. 1. Mil. Estudante que cursa a escola militar superior do Exército, da Marinha ou da Aeronáutica; 2. Mil. Aspirante a oficial que concluiu esse curso; 3. Filho não primogênito de família nobre; 4. P. ext. Segundo filho; 5. Mús. Atabaque de pequeno tamanho us. no jongo; 6. RS Familiar ou amigo de estancieiro, que o ajuda a realizar rodeios; 7. RJ Pop. Fut. Torcedor do São Cristóvão, clube de futebol do Rio de Janeiro; 8. Ref. ao São Cristóvão ou a quem é dele torcedor [F.: Do fr. *cadet*]."

HÉCUBA EU? A CONSTRUÇÃO DE UMA PERSONAGEM, POR ANITA MOSCA[49]

Carregar a dor do mundo.
Hécuba não arreda.
Não foge.
Não recusa.
Não quebra.
Não morre.

A cada baque a Rainha de Troia vacila, a cada agonia se abala, a cada luto estremece: entretanto, não cai.

Mas que *dor do mundo* é essa? No meu entendimento sensorial, é o martírio que arrebenta as vísceras daquela que vê, ou simplesmente imagina, a morte do próprio fruto.

Dor que se torna desmedida ao assistir à morte da própria cria por assassínio e tortura, ao retalho da carne pela mão de outro ser. Vejam bem, não estou afirmando que sentir essa dor seja prerrogativa exclusiva das mães naturais, nem apenas das mulheres. O pai ou a mãe de um ser humano, por natureza ou por escolha, é capaz de sentir nas entranhas essa

---

49 Atriz, diretora, dramaturga, tradutora. Programa de Pós-Graduação em Estudos Literários da UFMG (Pós-Lit) em cotutela com a Università L'Orientale di Napoli.

aflição avassaladora. E ouso afirmar que, frequentemente, as experiências femininas de carregar uma vida no próprio ventre por nove meses e de dar à luz são passagens irreversíveis, do corpo e da alma, para uma nova dimensão da existência, voltada primordialmente ao bem do outro, filho ou filha, antes do bem de si mesmo. Pois bem, Hécuba atravessa tudo isso e carrega todo um cemitério sobre as costas:[50] Príamo, Heitor, Polixena, Polidoro e todos os troianos assassinados e torturados pelos argivos.

Ao longo da peça, o sofrimento vai se alargando de forma tirânica. Primeiro a perda da cidade, do poder, do parceiro, e depois a perda dos filhos, um após o outro, até que o padecimento se torna desumano, quando a mãe recebe nos braços, já em putrefação, o cadáver do seu caçulinha, Polidoro (v. 703-706).

---

50 "Em entrevista à CNN Brasil, Regina Duarte minimiza tortura durante ditadura militar". Redação, *Brasil de Fato*, 7 mai. 2020. Na ocasião, a ex-Secretária de Cultura disse: "(...) Se a gente for ficar arrastando essas mortes, trazendo esse cemitério... Não quero arrastar um cemitério de mortos nas minhas costas e não desejo isso pra ninguém. Eu sou leve, sabe, eu tô viva, estamos vivos, vamos ficar vivos. Por que olhar pra trás? Não vive quem fica arrastando cordéis de caixões". Execramos sua fala. A metáfora, porém, é oportuna para Hécuba, ainda que usada em sentido contrário daquele aqui apresentado quando pronunciada por Duarte.

HÉCUBA EU? A CONSTRUÇÃO DE UMA PERSONAGEM

Hécuba
Mói-me, ai!, o sonho aí'stá, cumpriu-se,
a visão dos olhos meus *que não sai de mim*,
assomo *negralado* que cerca de ti eu vi,
ô fruto, ao clarão de Zeus não és mais nada...

Ἑκάβη
ὤμοι, αἰαῖ, ἔμαθον ἔνυπνον ὀμμάτων
ἐμῶν ὄψιν· οὔ με παρέβα
φάσμα μελανόπτερον, τὰν ἐσεῖδον ἀμφὶ σέ,
ὦ τέκνον, οὐκέτ' ὄντα Διὸς ἐν φάει.

A partir desse momento, Hécuba começa um processo inconvertível de transfiguração. A dor a leva a uma região soturna da existência, onde o ser se torna desapiedado e desalmado. Alucinada pela vindita, mas astuta em enredar seu plano, a matriarca tenciona devolver em dobro o ultraje recebido. Entretanto, submetida à condição de escrava, para executar seu plano precisa dele, do *mandachuva* supremo, o chefe da armada grega, Agamêmnon. Hécuba engendra, assim, um discurso envolvente, capaz de conquistar o comandante com sabedoria de estrategista (v. 785-796).

Agamêmnon
Fel meu! Que mulher pariu assim tão desgraçada?

Ἀγαμέμνων
φεῦ φεῦ· τίς οὕτω δυστυχὴς ἔφυ γυνή;

Hécuba
Tem nenhuma não, a menos que da Desgraça em pessoa fales.
Então, escuta por que descaio em roda dos joelhos
teus. Se, acaso, te pareço impolutas coisas sofrer,
aquiesço, mas se diverso se deu, dá-me tu
vingança contr'o mais poluto varão anfitrião,
o que não temeu nem os da terra abaixo nem os
do céu acima e polutíssimo ato perpetrou, ele
que ceias e ceias incontáveis vezes comigo congraçou
e *meremerências* teve, qual primaz no rol dos meus
amigos — congraçando-se quanto quis. Aí, crivado
de fidúcia, matou!

Ἑκάβη
οὐκ ἔστιν, εἰ μὴ τὴν Τύχην αὐτὴν λέγοις.
ἀλλ' ὧνπερ οὕνεκ' ἀμφὶ σὸν πίπτω γόνυ
ἄκουσον. εἰ μὲν ὅσιά σοι παθεῖν δοκῶ,
στέργοιμ' ἄν· εἰ δὲ τοὔμπαλιν, σύ μοι γενοῦ
τιμωρὸς ἀνδρός, ἀνοσιωτάτου ξένου,
ὃς οὔτε τοὺς γῆς νέρθεν οὔτε τοὺς ἄνω
δείσας δέδρακεν ἔργον ἀνοσιώτατον,
κοινῆς τραπέζης πολλάκις τυχὼν ἐμοί,

ξενίας τ' ἀριθμῷ πρῶτ' ἔχων ἐμῶν φίλων,
τυχὼν δ' ὅσων δεῖ — . καὶ λαβὼν προμηθίαν
ἔκτεινε· τύμβου δ',

O vencedor compreende a dor da vencida. Agamêmnon é movido à compaixão, ou, talvez, analisando mais cruamente, tão só resolva não comprar briga com a mãe da própria amante, Cassandra, espólio de guerra que ilumina suas noites. De qualquer modo, os propósitos de Hécuba encontram amparo no *lavar das mãos* do rei de Argos (v. 898-904).

Agamêmnon
Que seja assim; à justa, se zarpada viável pra
frota houvesse, dar-te este obséquio não poderia!
Agora, posto que deus não manda vento franco,
urge ficar *de boaça*, vigiando o *vento salvante*.
Tanto faz, que seja pra bem! Pra todos é consenso
isto aí, pra vila e pra cada um: ao medonho,
o medonho sofrer, ao valoroso, garboso vencer.

Ἀγαμέμνων
ἔσται τάδ' οὕτω· καὶ γὰρ εἰ μὲν ἦν στρατῷ
πλοῦς, οὐκ ἂν εἶχον τήνδε σοι δοῦναι χάριν·
νῦν δ', οὐ γὰρ ἵησ' οὐρίους πνοὰς θεός,
μένειν ἀνάγκη πλοῦν ὁρῶντ' ἐς ἥσυχον.

γένοιτο δ' εὖ πως· πᾶσι γὰρ κοινὸν τόδε,
ἰδίᾳ θ' ἑκάστῳ καὶ πόλει, τὸν μὲν κακὸν
κακόν τι πάσχειν, τὸν δὲ χρηστὸν εὐτυχεῖν.

Assim sendo, não há mais ninguém que possa segurar o grito de fúria, a selvageria da Hécuba-mãe, prostrada no chão com seu caçula no colo, já em estado de decomposição. Ela é quase uma *Pietà* arcaica, que encarna o supremo sofrimento humano, mas que, à diferença da Santa Mãe esculpida por Michelangelo, obceca-se pela vingança.

Entre todos os inimigos, para *a soberana d'outrora*, o sumo mal é Poliméstor, o rei trácio de terra amiga que matou o benjamim dos Priâmidas e o jogou no mar, para assim ficar com o ouro que, tempos antes, havia sido despachado com o menino pelos pais. Hécuba concentra no varão trácio sua sede de retaliação, e a ofensa será devolvida em dobro. Ela matará os dois filhos dele à sua frente, cegando depois o pai e rei bárbaro, sem dó. Tal ato ela pratica lucidamente, para que ele seja, para sempre, atormentado pela última imagem retida nas retinas, o abate de seus filhos. E, assim, Hécuba consegue a vingança; no entanto, perde completa e eternamente seus contornos humanos.

Isto posto, como construir uma personagem como Hécuba na contemporaneidade? Onde encontrar os ativadores criativos, em que fonte inspiradora beber para que a rainha troiana volte a vibrar nos palcos do presente? O que a tragédia euripidiana há de contar para os homens e mulheres de hoje? E, finalmente, por que esta Hécuba? Por que a tradução da Trupersa? Primeiramente, vale lembrar que *Hécuba* conta e possibilita a visão de coisas que vão além do desmoronamento social, político, econômico e cultural de uma cidade e de uma poderosa dinastia. A peça mostra as consequências do colapso afetivo em nós. Eurípides parece nos falar que o padecimento agudo pode nos tornar feras descontroladas, capazes das ações mais abomináveis.

Eu, como atriz, diretora, tradutora da Trupersa e mãe, para entender a dor de Hécuba, imagino o rostinho de minha menina de quatro anos no lugar das máscaras de Polixena, de Polidoro e de todos os outros entes queridos da soberana de Troia, mortos e torturados. Num piscar de olhos, na sobreposição das imagens, sinto, nas profundezas das minhas fibras afetivas, o suplício devastador da mãe troiana. Um tormento destruidor, que se repete a cada desgraçada reverberação do mito antigo nas barbáries contemporâneas.

Por exemplo, como não associar, durante o processo criativo de construção de *Hécuba*, o Polidoro que diz "no que morto me fez, no turbilhão do mar me largou" (v. 26-27) com Alan Kurdi († 02/09/2015),[51] menino sírio cujo corpinho foi

---

51 "Alan Kurdi, il bambino sulla spiaggia". Marta Serafini, *Corriere della Sera*, 19 jan. 2016.

encontrado virado na areia, em uma praia do litoral turco? Como não nos abalarmos diante das condições do campo de refugiados Moria,[52] na ilha de Lesbos, no Mar Egeu?

Pessoas desesperadas, como a destronada Hécuba e o desgraçado rei trácio Poliméstor, a se perguntarem: "Pr'onde, onde me vou, ao largar só a prole pra ser trucidada pelas *bacas* infernais, e estripada, pelas cachorras, num repasto exangue e bruto jogado pelos montes?" (v. 1076-1079). Fiapos de gente, chegados na ilhota grega em barcos improvisados para fugir da miséria, da fome e da guerra, que gerou algozes e órfãos, que envelheceu crianças e adolescentes. Como não se lembrar, frente à ferocidade do duplo assassínio dos filhos de Poliméstor ("Sarrafa, vai! Poupa nada, vou pra fora! Não porás mais visão luminosa nas pupilas, não verás mais os filhos, os que matei, vivos", v. 1044-1046), da animalesca retaliação dos mafiosos, que derreteram no ácido o pré-adolescente Giuseppe Di Matteo († 11/01/1996)[53] para punir seu pai, colaborador da justiça?

Fatos e episódios de épocas e regiões próximas e remotas, que igualmente nos escandalizam pela abissal desumanidade. Todavia, é justamente em acontecimentos como os citados que vibra o mito clássico de Hécuba, eterna e tristemente

---

52 "Il campo profughi di Moria, sull'isola di Lesbo, è l'inferno". Daniele Viotti, *La Stampa*, 22 out. 2019.

53 "La madre del bimbo sciolto nell'acido: Giuseppe ha vinto, la mafia ha perso". Redação, *Corriere della Sera*, 10 nov. 2008.

atual, por sua força arquetípica capaz de perpassar os séculos. Por esse motivo, acredito que encenar a tragédia euripidiana seja necessário e imprescindível em tempos e espaços atuais, para que a obra possa exercer uma ação curativa e catártica nos espectadores, ao mostrar o que acontece com a alma humana em condição extrema de dor, e, quiçá, levar as audiências a rejeitar as escolhas praticadas pela soberana dos Priâmidas, transformada, por vontade de Baco e por conta das ações praticadas voluntariamente, em cadela.

Agora, qual será a língua falada por Hécuba? Como fala a soberana antiga no Brasil e aos brasileiros? Para nós, artistas, interessa o que acontece no tablado, interessa entender a palavra que é dita e o porquê de ela ser dita, para que possamos consagrá-la em cena e, com o nosso ofício, injetar-lhe sangue e soprar-lhe beleza.

Aqui, deparamo-nos com uma experiência original de tradução coletiva dos clássicos, dirigida pela helenista Tereza Virgínia Ribeiro Barbosa. A Trupersa – que reúne atores, diretores, músicos, artistas plásticos, produtores, professores e alunos das faculdades de Letras e Teatro da Universidade Federal de Minas Gerais – trabalhou todo o processo, da tradução do texto antigo até a performance final, seja no palco ou na tela, como tem acontecido agora, nos tempos da covid-19.

O texto final nos envolve e nos surpreende pela força impactante, pela beleza estética, pela acessibilidade e ao mesmo tempo sofisticação e, ainda, por ser recheado de pequenos tesouros, referências à música, à literatura e à cultura brasileiras, que criam uma instável zona de conforto para *o povo tupiniquim-catrumano*.[54]

A tradução é a verdadeira protagonista desse articulado processo criativo, que envolve várias figuras profissionais e representa uma obra de arte em si, não apenas no sentido estético, mas também no linguístico-lexical. A *Hécuba* da Trupersa não fala o corriqueiro do cotidiano, nem o áulico da tradição filológica dos estudos clássicos. A proposta, evidentemente, é outra.

Essa operação artístico-intelectual compreende, no sentido foucaultiano,[55] resgatar termos adormecidos do português do Brasil, misturar a linguagem arcaica com a contemporânea, explorar significados e significantes do passado e do presente, criar insólitas imagens sonoras. Nesse sentido, a presente tradução é uma invenção linguística que, segundo creio, cumpre um dos papéis mais importantes da arte, ou seja, proporcionar novos recursos para se entender e interpretar o mundo.

---

54 Cf. Barbosa, 2018 (*Feita no Brasil: a sabedoria vulgar da tragédia ática para o povo tupiniquim-catrumano*. Belo Horizonte: Relicário, 2018).

55 Referimo-nos à *Arqueologia do saber* (1969), de Michel Foucault.

HÉCUBA EU? A CONSTRUÇÃO DE UMA PERSONAGEM

A tradução da Trupersa está comprometida, sim, com o estudo analítico e filológico do texto grego original, catalogado por Murray e editado pela Oxford University Press em 1902 (a publicação do texto bilíngue na versão brasileira é uma marca fundamental das traduções assinadas pela equipe). Porém, a Trupersa tende à realização da obra como um todo, e não está preocupada com o entendimento de um ou outro termo isoladamente (em outras palavras, com a função meramente explicativa e esclarecedora da tradução).

Quero dizer, interessa-nos o que o leitor/espectador recebe *a posteriori*, pela experiência da leitura e da visão do espetáculo, e não se ele entende um ou outro termo pontual da tradução, lendo sozinho ou imerso na cena. Vale o processamento da dor presenciada, que pode se estender longamente... Contudo, o leitor/espectador curioso poderá, sempre que quiser, acompanhar os debates e os seminários da trupe para se aprofundar na proposta. Acreditamos que toda obra de arte se mostra como totalidade a ser apreendida no tempo, e não como algo perfeitamente compreendido de imediato, prenhe; que ela sempre é composta de articulações morais, filosóficas, ideológicas e políticas, conscientes ou não, sujeitas a infinitas interpretações e analogias.

Agora, falta conferir. O convite está feito.
Venham!

Anita Mosca em *Hécuba*

PARTE 2

HÉCUBA

Nota sobre a edição:
O texto grego utilizado para a tradução desta *Hécuba* foi tomado de: Eurípides. *Euripidis Fabulae – Volume 1*. Ed.: Gilbert Murray. Oxford: Clarendon Press, 1902, disponível no Projeto Perseus. Ocasionalmente, a numeração dos versos é irregular e, além disso, nem sempre a sequência é contabilizada corretamente. Mantivemos a que foi estabelecida por Murray.

ΤΑ ΤΟΥ ΔΡΑΜΑΤΟΣ ΠΡΟΣΩΠΑ

ΠΟΛΥΔΩΡΟΥ ΕΙΔΩΛΟΝ
ΕΚΑΒΗ
ΧΟΡΟΣ ΑΙΧΜΑΛΩΤΙΔΩΝ ΓΥΝΑΙΚΩΝ
ΠΟΛΥΞΕΝΗ
ΟΔΥΣΣΕΥΣ
ΤΑΛΘΥΒΙΟΣ
ΘΕΡΑΠΑΙΝΑ
ΑΓΑΜΕΜΝΩΝ
ΠΟΛΥΜΗΣΤΩΡ

TEXTO GREGO E TRADUÇÃO

AS PERSONAGENS DO DRAMA

POLIDORO ASSOMBROSO
HÉCUBA
CORO DAS PRISIONEIRAS DE GUERRA
POLIXENA
ODISSEU
TALTÍBIO
CRIADA
AGAMÊMNON[56]
POLIMÉSTOR

---

56 Agamêmnon (para os amigos); Agamenão (para os troianos).

HÉCUBA

Πολυδώρου εἴδωλον
Ἥκω νεκρῶν κευθμῶνα καὶ σκότου πύλας
λιπών, ἵν' Ἅιδης χωρὶς ᾤκισται θεῶν,
Πολύδωρος, Ἑκάβης παῖς γεγὼς τῆς Κισσέως
Πριάμου τε πατρός, ὅς μ', ἐπεὶ Φρυγῶν πόλιν
κίνδυνος ἔσχε δορὶ πεσεῖν Ἑλληνικῷ,
δείσας ὑπεξέπεμψε Τρωικῆς χθονὸς
Πολυμήστορος πρὸς δῶμα Θρηκίου ξένου,
ὃς τήνδ' ἀρίστην Χερσονησίαν πλάκα
σπείρει, φίλιππον λαὸν εὐθύνων δορί.
πολὺν δὲ σὺν ἐμοὶ χρυσὸν ἐκπέμπει λάθρᾳ
πατήρ, ἵν', εἴ ποτ' Ἰλίου τείχη πέσοι,
τοῖς ζῶσιν εἴη παισὶ μὴ σπάνις βίου.
νεώτατος δ' ἦ Πριαμιδῶν, ὃ καί με γῆς
ὑπεξέπεμψεν· οὔτε γὰρ φέρειν ὅπλα
οὔτ' ἔγχος οἷός τ' ἦ νέῳ βραχίονι.
ἕως μὲν οὖν γῆς ὄρθ' ἔκειθ' ὁρίσματα
πύργοι τ' ἄθραυστοι Τρωικῆς ἦσαν χθονὸς
Ἕκτωρ τ' ἀδελφὸς οὑμὸς εὐτύχει δορί,
καλῶς παρ' ἀνδρὶ Θρῃκὶ πατρῴῳ ξένῳ
τροφαῖσιν ὥς τις πτόρθος ηὐξόμην τάλας·
ἐπεὶ δὲ Τροία θ' Ἕκτορός τ' ἀπόλλυται
ψυχή, πατρῴα θ' ἑστία κατεσκάφη,
αὐτός τε βωμῷ πρὸς θεοδμήτῳ πίτνει
σφαγεὶς Ἀχιλλέως παιδὸς ἐκ μιαιφόνου,

TEXTO GREGO E TRADUÇÃO

Polidoro assombroso
Saí! Rompi ventre dos mortos e portas de
treva d'onde mora Hades, longe dos deuses.
Polidoro, da Hécuba de Cisseu, filho nascido do pai
Príamo que, arrebatado, a mim, no que prendeu a
5   cidade dos frígios o pavor de cair sob a lança
grega, na calada, do torrão troiano me
abriga no ninho dum hóspede trácio: Poliméstor,
o que, adestrando povo cavaleiroso, sob lança,
semeia esta ótima várzea da península aí.
10 Mas pai, às canhas, despacha muito ouro comigo:
"É pra que, se um dia a torre ilíada tomba,
pros filhos vivos, míngua na vida não haverá."
Era caçula dos Priâmidas, então ele me fez
da terra escapulir: é que nem bater armas e
15 nem levar gládio braço, assim menino, podia.
E pelo tempo em que firmes as fronteiras da terra
e inteiros os muros da gleba de Troia ficassem,
e o irmão meu, Heitor, acertava com a lança;
eu, viçoso e com o hóspede paterno, o varão
20 trácio, às fartas, qual broto daninho, crescia!
Aí, depois que se esvai Troia – e o sopro de
Heitor – e a férula do pai se apagou e ele
próprio, no altar do deus, cai dessangrado
pelo carniceiro do filho de Aquiles, aí, pelo

κτείνει με χρυσοῦ τὸν ταλαίπωρον χάριν
ξένος πατρῷος καὶ κτανὼν ἐς οἶδμ' ἁλὸς
μεθῆχ', ἵν' αὐτὸς χρυσὸν ἐν δόμοις ἔχῃ.
κεῖμαι δ' ἐπ' ἀκταῖς, ἄλλοτ' ἐν πόντου σάλῳ,
πολλοῖς διαύλοις κυμάτων φορούμενος,
ἄκλαυτος ἄταφος· νῦν δ' ὑπὲρ μητρὸς φίλης
Ἑκάβης ἀίσσω, σῶμ' ἐρημώσας ἐμόν,
τριταῖον ἤδη φέγγος αἰωρούμενος,
ὅσονπερ ἐν γῇ τῇδε Χερσονησίᾳ
μήτηρ ἐμὴ δύστηνος ἐκ Τροίας πάρα.
πάντες δ' Ἀχαιοὶ ναῦς ἔχοντες ἥσυχοι
θάσσουσ' ἐπ' ἀκταῖς τῆσδε Θρῃκίας χθονός·
ὁ Πηλέως γὰρ παῖς ὑπὲρ τύμβου φανεὶς
κατέσχ' Ἀχιλλεὺς πᾶν στράτευμ' Ἑλληνικόν,
πρὸς οἶκον εὐθύνοντας ἐναλίαν πλάτην·
αἰτεῖ δ' ἀδελφὴν τὴν ἐμὴν Πολυξένην
τύμβῳ φίλον πρόσφαγμα καὶ γέρας λαβεῖν.
καὶ τεύξεται τοῦδ' οὐδ' ἀδώρητος φίλων
ἔσται πρὸς ἀνδρῶν· ἡ πεπρωμένη δ' ἄγει
θανεῖν ἀδελφὴν τῷδ' ἐμὴν ἐν ἤματι.
δυοῖν δὲ παίδοιν δύο νεκρὼ κατόψεται
μήτηρ, ἐμοῦ τε τῆς τε δυστήνου κόρης.
φανήσομαι γάρ, ὡς τάφου τλήμων τύχω,
δούλης ποδῶν πάροιθεν ἐν κλυδωνίῳ.
τοὺς γὰρ κάτω σθένοντας ἐξῃτησάμην

25   ouro o hóspede do pai mata esse infeliz aqui,
     e, no que morto me fez, no turbilhão do mar
     me largou, pra que, em casa, só com o ouro ficasse.
     Então, boio sobre recifes e mais lá no sumidouro
     d'água. De arrasto, no vai-volta das ondas,
30   *sem choro, sem velas,* por cima de Hécuba, mãe
     querida, exilado do corpo meu, me derramo. Ó, que
     já é o terceiro fulgor que marejo, dês que,
     de Troia, 'tá 'qui, na terra desta península
     aí, a minha dolorosa mãe. E os aqueus
35   todos, atracados barcos, sossegados,
     descansam nos recifes deste torrão trácio!
     É que, da tumba, o filho de Peleu fulgiu;
     Aquiles retém todo esquadrão grego: os que
     pra casa direto, mar afora, já remos batiam!
40   Ele exige, na tumba, ter a minha irmã
     Polixena, como troféu e oferta amiga. E isso
     aí logrará, e não ficará, da parte dos varões
     amigos, sem prenda! E tal oferta puxa
     pra morrer, neste dia de hoje, a minha irmã.
45   E dos dois filhos, a mãe verá dois defuntos
     no chão: eu e mais a lastimosa moça-*vestal*.
     Desponto então — pra ganhar um triste enterro — nos
     carneirinhos d'onda, ante as passadas duma escrava.
     E aos potentados lá de baixo suplico lograr

τύμβου κυρῆσαι κἀς χέρας μητρὸς πεσεῖν.
τοὐμὸν μὲν οὖν ὅσονπερ ἤθελον τυχεῖν
ἔσται· γεραιᾷ δ' ἐκποδὼν χωρήσομαι
Ἑκάβῃ· περᾷ γὰρ ἥδ' ὑπὸ σκηνῆς πόδα
Ἀγαμέμνονος, φάντασμα δειμαίνουσ' ἐμόν.
φεῦ·
ὦ μῆτερ, ἥτις ἐκ τυραννικῶν δόμων
δούλειον ἦμαρ εἶδες, ὡς πράσσεις κακῶς
ὅσονπερ εὖ ποτ'· ἀντισηκώσας δέ σε
φθείρει θεῶν τις τῆς πάροιθ' εὐπραξίας.

Ἑκάβη
ἄγετ', ὦ παῖδες, τὴν γραῦν πρὸ δόμων,
ἄγετ' ὀρθοῦσαι τὴν ὁμόδουλον,
Τρῳάδες, ὑμῖν, πρόσθε δ' ἄνασσαν·
[λάβετε φέρετε πέμπετ' ἀείρετέ μου]
γεραιᾶς χειρὸς προσλαζύμεναι·
κἀγὼ σκολιῷ σκίπωνι χερὸς
διερειδομένα σπεύσω βραδύπουν
ἤλυσιν ἄρθρων προτιθεῖσα.
ὦ στεροπὰ Διός, ὦ σκοτία νύξ,
τί ποτ' αἴρομαι ἔννυχος οὕτω
δείμασι φάσμασιν; ὦ πότνια Χθών,
μελανοπτερύγων μᾶτερ ὀνείρων,
ἀποπέμπομαι ἔννυχον ὄψιν,

50 um túmulo e mergulhar nos braços da mãe.
    Por mim, é certo, tudo que quero ter há de
    ser! Mas saio pra longe da fanada Hécuba!
    Aí, ó, eis! Ela, a pé, à sombra do abrigo
    de Agamenão, aterrada por meu fantasma.
    Beú!
55 Ô mãe, tu que, de soberbas moradas,
    vês o dia servil... Tão mal agora quanto antes
    bem! No que um dos deuses no prumo
    assim te botou, arriou o triunfo de outrora.

Hécuba
Levai, meninas, pra frente do abrigo, a velha;
60 levai a serva igual a vós, aprumadas
    troianas, eis aqui a soberana de antes
    [Segurai, arrimai, ladeai, erguei-me,]
    vós, ajudantes de minha mão anciã!
65 E eu, mão apoiada em vergado
    amparo, acelero devagar; com
    passadas traspés, vou adiante.
    Ô faísca de Zeus, ô trevosa noite!
    Que é isso d'eu espiritar noite adentro em
70 pavores assomados?! Ô terra soberba,
    mãe dos sonhos *negralados*,
    varro-me assombrada co'as visagens,

[ἣν περὶ παιδὸς ἐμοῦ τοῦ σῳζομένου κατὰ Θρῄκην
ἀμφὶ Πολυξείνης τε φίλης θυγατρὸς δι' ὀνείρων
εἶδον γὰρ φοβερὰν ὄψιν ἔμαθον ἐδάην.]
ὦ χθόνιοι θεοί, σώσατε παῖδ' ἐμόν,
ὃς μόνος οἴκων ἄγκυρ' ἔτ' ἐμῶν
τὴν χιονώδη Θρῄκην κατέχει
ξείνου πατρίου φυλακαῖσιν.
ἔσται τι νέον·
ἥξει τι μέλος γοερὸν γοεραῖς.
οὔποτ' ἐμὰ φρὴν ὧδ' ἀλίαστον
φρίσσει ταρβεῖ.
ποῦ ποτε θείαν Ἑλένου ψυχὰν
καὶ Κασάνδραν ἐσίδω, Τρῳάδες,
ὥς μοι κρίνωσιν ὀνείρους;
εἶδον γὰρ βαλιὰν ἔλαφον λύκου αἵμονι χαλᾷ
σφαζομέναν, ἀπ' ἐμῶν γονάτων σπασθεῖσαν ἀνοίκτως.
καὶ τόδε δεῖμά μοι· ἦλθ' ὑπὲρ ἄκρας
τύμβου κορυφᾶς
φάντασμ' Ἀχιλέως· ᾔτει δὲ γέρας
τῶν πολυμόχθων τινὰ Τρωιάδων.
ἀπ' ἐμᾶς ἀπ' ἐμᾶς οὖν τόδε παιδὸς
πέμψατε, δαίμονες, ἱκετεύω.

Χορός
Ἑκάβη, σπουδῇ πρός σ' ἐλιάσθην

[as de meu menino, guardado no fundo da Trácia,
75 e as de Polixena, filha querida, que por sonhos
vi; é certo, depurei, apurei: cena medonha!]
Ó deuses do meu torrão, guardai o filho meu,
80 qu'ele, só, é âncora da minha casa
e suporta a invernosa Trácia,
sob a guarda do hóspede do pai.
Êa! Que nova será?!
Que toada virá nesta dolente entoada?!
85 Como nunca, meu peito, assim
quialterado, lateja, pulsa...
Onde sei, enfim, de Heleno e Cassandra,
d'alma santa deles, troianas, pra modo
de os sonhos eles, pra mim, clarearem?
90 Pois eu vi: uma corça malhada, lancetada pela unha
sangrante dum lobo, arrebatada de meus joelhos sem dó.
Este aqui é meu pavor: vai que chega de cima,
no topo da tumba,
o fantasma de Aquiles e pede um prêmio...
95 Uma das tão padecentes troianas!
Arrenego; nego que isso contra minha filha
atireis; divindades, eu vos rogo!

Coro
Hécuba, escapei ligeiro rumo a ti,

τὰς δεσποσύνους σκηνὰς προλιποῦσ',
ἵν' ἐκληρώθην καὶ προσετάχθην
δούλη, πόλεως ἀπελαυνομένη
τῆς Ἰλιάδος, λόγχης αἰχμῇ
δοριθήρατος πρὸς Ἀχαιῶν,
οὐδὲν παθέων ἀποκουφίζουσ',
ἀλλ' ἀγγελίας βάρος ἀραμένη
μέγα σοί τε, γύναι, κῆρυξ ἀχέων.
ἐν γὰρ Ἀχαιῶν πλήρει ξυνόδῳ
λέγεται δόξαι σὴν παῖδ' Ἀχιλεῖ
σφάγιον θέσθαι· τύμβου δ' ἐπιβὰς
οἶσθ' ὅτε χρυσέοις ἐφάνη σὺν ὅπλοις,
τὰς ποντοπόρους δ' ἔσχε σχεδίας
λαίφη προτόνοις ἐπερειδομένας,
τάδε θωύσσων·
Ποῖ δή, Δαναοί, τὸν ἐμὸν τύμβον
στέλλεσθ' ἀγέραστον ἀφέντες;
πολλῆς δ' ἔριδος συνέπαισε κλύδων,
δόξα δ' ἐχώρει δίχ' ἀν' Ἑλλήνων
στρατὸν αἰχμητήν, τοῖς μὲν διδόναι
τύμβῳ σφάγιον, τοῖς δ' οὐχὶ δοκοῦν.
ἦν δὲ ὁ τὸ μὲν σὸν σπεύδων ἀγαθὸν
τῆς μαντιπόλου Βάκχης ἀνέχων
λέκτρ' Ἀγαμέμνων·
τὼ Θησείδα δ', ὄζω Ἀθηνῶν,

fugida das tendas dos comandantes,
100 na horinha em que era sorteada e dada
como serva! Rapinada da cidade
de Ílion, por modo de lança pontuda,
caça alvejada por aqueus,
em nada, pelos baques, te posso
105 acalmar; carregada com gordos
fardos noticiosos, mulher, porta-voz
ressoo: no agregado dos aqueus, em
massa, disseram ser bom deitar tua
filha com Aquiles como expiação! Trepado
110 na tumba, viste qu'ele, co'armadura d'ouro,
fulgiu e reteve nos varadouros as singrantes
barcas com velas ao sotavento e que
isto trovejou:
"Mas pra onde, dânaos, debandais,
115 largando minha tumba desonrada?"
Aí, travou-se caturrada aos borbotões,
dividiu-se a opinião na tropa guerreira
dos gregos; uns achavam de dar
expiação pra tumba; outros, nem pensar.
120 Duma banda, ligeiro, por ti e por causa
da divinatriz de Baco, se metia Agamenão,
fofando a cama!
Doutra, os dois Teseidas, ramo de Atenas,

HÉCUBA

δισσῶν μύθων ῥήτορες ἦσαν,
γνώμῃ δὲ μιᾷ συνεχωρείτην,
τὸν Ἀχίλλειον τύμβον στεφανοῦν
αἵματι χλωρῷ, τὰ δὲ Κασάνδρας
λέκτρ' οὐκ ἐφάτην τῆς Ἀχιλείας
πρόσθεν θήσειν ποτὲ λόγχης.
σπουδαὶ δὲ λόγων κατατεινομένων
ἦσαν ἴσαι πως, πρὶν ὁ ποικιλόφρων
κόπις ἡδυλόγος δημοχαριστὴς
Λαερτιάδης πείθει στρατιὰν
μὴ τὸν ἄριστον Δαναῶν πάντων
δούλων σφαγίων εἵνεκ' ἀπωθεῖν,
μηδέ τιν' εἰπεῖν παρὰ Φερσεφόνῃ
στάντα φθιμένων
ὡς ἀχάριστοι Δαναοὶ Δαναοῖς
τοῖς οἰχομένοις ὑπὲρ Ἑλλήνων
Τροίας πεδίων ἀπέβησαν.
ἥξει δ' Ὀδυσεὺς ὅσον οὐκ ἤδη,
πῶλον ἀφέλξων σῶν ἀπὸ μαστῶν
ἔκ τε γεραιᾶς χερὸς ὁρμήσων.
ἀλλ' ἴθι ναούς, ἴθι πρὸς βωμούς,
[ἵζ' Ἀγαμέμνονος ἱκέτις γονάτων,]
κήρυσσε θεοὺς τούς τ' οὐρανίδας
τούς θ' ὑπὸ γαῖαν.
ἢ γάρ σε λιταὶ διακωλύσουσ'

por dúbias conversas, enredosos que eram,
125 uma sentença sufragaram: em roda
da tumba aquilonal, deitar sangue
fresco; só que não falaram nada
de Cassandra, de por nada antepor
a cama desta à lança de Aquiles.
130 Diligentes, no que desdobravam
propostas, na mesma ficavam, até que
o argiloso do Laertida, alfinete
macio-lero-lero-arrasta-gente, dobra
a tropa: "Que não adieis degolas de
135 servos para o melhor dos dânaos e que,
ao lado de Perséfone, estacado, nenhum
dos mortos vá dizer
aos dânaos, finados por causa dos gregos,
que dânaos mal-agradecidos
140 desertaram a planura de Troia."
E não é que logo logo chegará Odisseu
pra levar a mulinha pra longe das tuas
mamas, esvaziando uma velha mão?
Mas vai! Vai, pros oratórios, altares,
145 [põe-te súplice aos joelhos de Agamenão]
e clama pelos deuses lá do céu e
mais os lá do fundo da terra.
Ou as rezas te poupam da privação

ὀρφανὸν εἶναι παιδὸς μελέας
ἣ δεῖ σ' ἐπιδεῖν τύμβου προπετῆ
φοινισσομένην αἵματι παρθένον
ἐκ χρυσοφόρου
δειρῆς νασμῷ μελαναυγεῖ.

Ἑκάβη
οἲ ἐγὼ μελέα, τί ποτ' ἀπύσω;
ποίαν ἀχώ, ποῖον ὀδυρμόν,
<καὶ> δειλαία δειλαίου γήρως,
δουλείας τᾶς οὐ τλατᾶς,
τᾶς οὐ φερτᾶς; ὤμοι.
τίς ἀμύνει μοι; ποία γέννα,
ποία δὲ πόλις; φροῦδος πρέσβυς
φροῦδοι παῖδες.
ποίαν ἢ ταύταν ἢ κείναν
στείχω; ποῖ δ' ἥσω; ποῦ τις θεῶν
ἢ δαίμων ἐπαρωγός;
ὦ κάκ' ἐνεγκοῦσαι,
Τρῳάδες ὦ κάκ' ἐνεγκοῦσαι
πήματ', ἀπωλέσατ' ὠλέσατ'· οὐκέτι μοι βίος
ἀγαστὸς ἐν φάει.
ὦ τλάμων ἄγησαί μοι πούς,
ἄγησαι τᾷ γηραιᾷ
πρὸς τάνδ' αὐλάν· ὦ τέκνον, ὦ παῖ,

da filha malsim, ou hás de
150 avistar, *caída em decúbito dorsal,*
esbraseada em sangue, uma donzela
co'a coleira dourada do
pescoço e luzentes borbulhas em jorro escuro.

Hécuba
Osga malsim! Que vou bramir?
155 Qual melúria, que lamúria
\<e\> rabuja de rabugice senil,
pela intrigalha tralha servil,
intransportável?! Ô eu!
Quem me guarda? Que parente?
160 E que vila? Foi-se o primaz,
os filhos se foram.
Como? Por aqui, por de lá, avanço?
Onde me apoio? Donde? Qual dos
deuses ou bendito guardião me vem?
165 Ô carreteiras do azar,
troianas, ô carreteiras do azado
pesar, me levais a pó, a ruínas! Vida de glória
que preste não há mais em mim.
Ô padecente, me leva, pé!
170 Leva a anciã
pro cercado! Ô filhota, ô menina

δυστανοτάτας ματέρος — ἔξελθ' ἔξελθ'
οἴκων, ἄιε <σᾶς> ματέρος αὐδάν.
ὦ τέκνον ὡς εἰδῇς οἵαν οἵαν
ἀΐω φάμαν περὶ σᾶς ψυχᾶς

Πολυξένη
Ἰώ;
μᾶτερ μᾶτερ τί βοᾷς; τί νέον
καρύξασ' οἴκων μ' ὥστ' ὄρνιν
θάμβει τῷδ' ἐξέπταξας;

Ἑκάβη
οἴμοι μοι τέκνον.

Πολυξένη
τί με δυσφημεῖς; φροίμιά μοι κακά.

Ἑκάβη
αἰαῖ σᾶς ψυχᾶς.

Πολυξένη
ἔξαύδα· μὴ κρύψῃς δαρόν.
δειμαίνω δειμαίνω, μᾶτερ,
τί ποτ' ἀναστένεις …

de misérrima mãe – sai, sai do ninho,
atende ao vagido de tua mãe.
Ó filhota, hás de ver, assim, qual... Qual
175 fragor escuto acerca da vida tua.

Polixena
A i ôô!
mãe, mãê, deploras? Por quê? Co'esta nova
que pregoas, me fizeste, em frêmito do abrigo,
qual passarinho, bater asas?

Hécuba
180 Ô filhotim, por mim, malsim.

Polixena
Por que me malsinas? Triste prelúdio pra mim.

Hécuba
Ai! Ai de teu viço!

Polixena
Solta a voz! Não te abafes tanto.
Arrepio, mãe, arrepio,
185 por que ainda deploras?

HÉCUBA

Ἑκάβη
ὦ τέκνον τέκνον μελέας ματρὸς ...

Πολυξένη
τί δὲ τόδ' ἀγγελεῖς;

Ἑκάβη
σφάξαι σ' Ἀργείων κοινὰ
συντείνει πρὸς τύμβον γνώμα
Πηλείᾳ γέννᾳ.

Πολυξένη
οἴμοι μᾶτερ, πῶς φθέγγῃ
ἀμέγαρτα κακῶν; μάνυσόν μοι,
μάνυσον, μᾶτερ.

Ἑκάβη
αὐδῶ, παῖ, δυσφήμους φήμας·
ἀγγέλλουσ' Ἀργείων δόξαι
ψήφῳ τᾶς σᾶς περί μοῖ ψυχάς.

Πολυξένη
ὦ δεινὰ παθοῦσ', ὦ παντλάμων,
ὦ δυστάνου μᾶτερ βιοτᾶς
οἵαν οἵαν αὖ σοι <λώβαν>

Hécuba
Ô filhota, *filhotinfeliz* de mãe...

Polixena
Que prenuncias com isso?!

Hécuba
Imolar-te na tumba
a arena dos aqueus peleja! Sentença
190 pela raça de Peleu.

Polixena
Aramá, mãe, assim, aos berros,
és mais amargo dos fados! Desabafa
comigo, desabafa, mãe.

Hécuba
Prasmo, filha, as famosas infâmias:
195 me contaram o parecer dos argivos
no sufrágio acerca de tua vida.

Polixena
Ó padecente de horrores, ó couraça de dores,
ô mãe de desastrosa vida,
qual, qual odiento

HÉCUBA

ἐχθίσταν ἀρρήταν τ'
ὦρσέν τις δαίμων;
οὐκέτι σοι παῖς ἅδ' οὐκέτι δὴ
γήρᾳ δειλαίῳ δειλαία
συνδουλεύσω.
σκύμνον γάρ μ' ὥστ' οὐριθρέπταν
μόσχον δειλαία δειλαίαν
... ἐσόψῃ,
χειρὸς ἀναρπαστὰν
σᾶς ἄπο λαιμότομόν τ' Ἀίδᾳ
γᾶς ὑποπεμπομέναν σκότον, ἔνθα νεκρῶν μέτα
τάλαινα κείσομαι.
καὶ σοῦ μέν, μᾶτερ, δυστάνου
κλαίω πανδύρτοις θρήνοις,
τον μὸν δὲ βίον λώβαν λύμαν τ'
οὐ μετακλαίομαι, ἀλλὰ θανεῖν μοι
ξυντυχία κρείσσων ἐκύρησεν.

Χορός
καὶ μὴν Ὀδυσσεὺς ἔρχεται σπουδῇ ποδός,
Ἑκάβη, νέον τι πρὸς σὲ σημανῶν ἔπος.

Ὀδυσσεύς
γύναι, δοκῶ μέν σ' εἰδέναι γνώμην στρατοῦ
ψῆφόν τε τὴν κρανθεῖσαν· ἀλλ' ὅμως φράσω·

200 e blasfemo flagelo um bendito
empurrou pra ti outra vez?
Não mais pra ti esta filha, não mais.
Pra tua triste idade triste,
serviçal serei.
205 Sim: qual garrote que no monte pasta,
a mim, vitela triste, triste
me verás
roubada de tua mão,
por Hades dessangrada, pro
210 breu da terra abaixo carreada, lá junto a mortos
infausta deitarei.
Por ti, mãe, da malsina, com
trinados lacrimosos, deploro.
Por mim, por vida decaída e torpe
não hei de implorar: pra mim, morrer
215 é conquista cabal, cai bem.

Coro
Ei, ó lá!, Odisseu, a solerte pé, vem vindo,
Hécuba, pra ti novos ditames vai sinalar.

Odisseu
Mulher, penso que decerto sabes a sentença da
tropa; o sufrágio, o arranjo. Porém, ind'assim, declaro:

ἔδοξ' Ἀχαιοῖς παῖδα σὴν Πολυξένην
σφάξαι πρὸς ὀρθὸν χῶμ' Ἀχιλλείου τάφου.
ἡμᾶς δὲ πομποὺς καὶ κομιστῆρας κόρης
τάσσουσιν εἶναι· θύματος δ' ἐπιστάτης
ἱερεύς τ' ἐπέσται τοῦδε παῖς Ἀχιλλέως.
οἶσθ' οὖν ὃ δρᾶσον; μήτ' ἀποσπασθῇς βίᾳ
μήτ' ἐς χερῶν ἅμιλλαν ἐξέλθῃς ἐμοί·
γίγνωσκε δ' ἀλκὴν καὶ παρουσίαν κακῶν
τῶν σῶν. σοφόν τοι κἂν κακοῖς ἃ δεῖ φρονεῖν.

Ἑκάβη
αἰαῖ· παρέστηχ', ὡς ἔοικ', ἀγὼν μέγας,
πλήρης στεναγμῶν οὐδὲ δακρύων κενός.
κἄγωγ' ἄρ' οὐκ ἔθνῃσκον οὗ μ' ἐχρῆν θανεῖν,
οὐδ' ὤλεσέν με Ζεύς, τρέφει δ', ὅπως ὁρῶ
κακῶν κάκ' ἄλλα μείζον' ἢ τάλαιν' ἐγώ.
εἰ δ' ἔστι τοῖς δούλοισι τοὺς ἐλευθέρους
μὴ λυπρὰ μηδὲ καρδίας δηκτήρια
ἐξιστορῆσαι, σοὶ μὲν εἰρῆσθαι χρεών,
ἡμᾶς δ' ἀκοῦσαι τοὺς ἐρωτῶντας τάδε.

Ὀδυσσεύς
ἔξεστ', ἐρώτα; τοῦ χρόνου γὰρ οὐ φθονῶ.

220 aos aqueus, sacrificar tua filha Polixena,
     junto da alta laje sepulcral de Aquiles, bem
     pareceu. Coube a nós sermos cortejo e guias
     da moça; mas o regente e sacerdote do ato
     sacrificial, este aqui, filho de Aquiles, regerá.
225 Sabes bem o enredo!? Não vás provocar rude
     resgate nem luta de tapas comigo!
     Aceita o rigor e a visita dos males teus.
     Sensato mesmo é no revés reparar o que é útil.

Hécuba
     Aiai… Eis aqui, suponho, um baita jogo
230 empapado de gemidos, nada seco de prantos.
     E eu, ara! Eu que não morri quando devia morrer!
     E Zeus que não me esmaga! Adverso, ele me vigora pra
     que veja outros tantos de sumos males, eu, a mona.
     Mas se aos cativos – desde que sem aflição
235 nem picardia – é lícito instar os livres,
     então, deveras me urge a ti incitar, e, a
     nós aqui, ouvir as coisas que concitamos.

Odisseu
     Que seja! Suscita! Não corro atrás do tempo.

HÉCUBA

Ἑκάβη
οἶσθ' ἡνίκ' ἦλθες Ἰλίου κατάσκοπος,
δυσχλαινίᾳ τ' ἄμορφος, ὀμμάτων τ' ἄπο
φόνου σταλαγμοὶ σὴν κατέσταζον γένυν;

Ὀδυσσεύς
οἶδ'· οὐ γὰρ ἄκρας καρδίας ἔψαυσέ μου.

Ἑκάβη
ἔγνω δέ σ' Ἑλένη καὶ μόνῃ κατεῖπ' ἐμοί;

Ὀδυσσεύς
μεμνήμεθ' ἐς κίνδυνον ἐλθόντες μέγαν.

Ἑκάβη
ἦψω δὲ γονάτων τῶν ἐμῶν ταπεινὸς ὤν;

Ὀδυσσεύς
ὥστ' ἐνθανεῖν γε σοῖς πέπλοισι χεῖρ' ἐμήν.

Ἑκάβη
ἔσωσα δῆτά σ' ἐξέπεμψά τε χθονός;

Ὀδυσσεύς
ὥστ' εἰσορᾶν γε φέγγος ἡλίου τόδε.

Hécuba
Dás fé de que espia de Ílion vieste
240   em trapos, mofumbado, e, dos olhos teus
até a barba, gotas de crime pingavam?!

Odisseu
Dou fé, tal não passou de raspão no meu coração.

Hécuba
E que Helena te reconheceu e só pra mim avisou...

Odisseu
E hoje nos lembramos, sem nenhuma tristeza, dos foras que a vida nos deu...

Hécuba
245   ... e aí, rendido, tocaste meus joelhos...

Odisseu
... até que minha mão se esmoreceu nos peplos teus...

Hécuba
... e daí te salvei te mandando pra longe do cerco e...

Odisseu
... por isso vejo até hoje o clarão desse sol...

Ἑκάβη
τί δῆτ' ἔλεξας δοῦλος ὢν ἐμὸς τότε;

Ὀδυσσεύς
πολλῶν λόγων εὑρήμαθ', ὥστε μὴ θανεῖν.

Ἑκάβη
οὔκουν κακύνῃ τοῖσδε τοῖς βουλεύμασιν,
ὃς ἐξ ἐμοῦ μὲν ἔπαθες οἷα φῂς παθεῖν,
δρᾷς δ' οὐδὲν ἡμᾶς εὖ, κακῶς δ' ὅσον δύνῃ;
ἀχάριστον ὑμῶν σπέρμ', ὅσοι δημηγόρους
ζηλοῦτε τιμάς· μηδὲ γιγνώσκοισθέ μοι,
οἳ τοὺς φίλους βλάπτοντες οὐ φροντίζετε,
ἢν τοῖσι πολλοῖς πρὸς χάριν λέγητέ τι.
ἀτὰρ τί δὴ σόφισμα τοῦθ' ἡγούμενοι
ἐς τήνδε παῖδα ψῆφον ὥρισαν φόνου;
πότερα τὸ χρῆν σφ' ἐπήγαγ' ἀνθρωποσφαγεῖν
πρὸς τύμβον, ἔνθα βουθυτεῖν μᾶλλον πρέπει;
ἢ τοὺς κτανόντας ἀνταποκτεῖναι θέλων
ἐς τήνδ' Ἀχιλλεὺς ἐνδίκως τείνει φόνον;
ἀλλ' οὐδὲν αὐτὸν ἥδε γ' εἴργασται κακόν.
[Ἑλένην νιν αἰτεῖν χρῆν τάφῳ προσφάγματα·
κείνη γὰρ ὤλεσέν νιν ἐς Τροίαν τ' ἄγει.]
εἰ δ' αἰχμαλώτων χρή τιν' ἔκκριτον θανεῖν
κάλλει θ' ὑπερφέρουσαν, οὐχ ἡμῶν τόδε·

Hécuba
... mas daí, sob meu jugo, que disseste?

Odisseu
250   Palavras aos montes, achados pra não morrer.

Hécuba
E tu não te corróis com tais decididos, tu que,
de mim, aturaste quanto aturar dizes, e nada de
bom pra nós executas, malfazendo o mais que podes?
Semente chocha a vossa, os que dos falastrões
255   os prêmios invejais! Antes nem me conhecêsseis,
os que entrevam os amigos sem pestanejar,
se tendes brecha de algo pras turbas falar.
Mas, então, por qual falcatrua foi que os chefes
tiraram voto de morte pra esta menina aqui?
260   De duas uma: a precisão os levou a imolar gente
sobre a tumba – onde mais convém abater bois –
ou, reclamando justa barganha de mortos,
Aquiles, contra ela aqui, mais um crime somou.
Mas ela, contra ele lá, mal algum jamais executou.
265   [A Helena, a ela deviam sangrado voto em lápide
pedir! Ela, sim, a ele derruiu e arrastou pra Troia.]
E se precisão havia da sortelha duma acossada
pra morrer, a mais formosa, isso de nós não virá!

ἡ Τυνδαρὶς γὰρ εἶδος ἐκπρεπεστάτη,
ἀδικοῦσά θ' ἡμῶν οὐδὲν ἧσσον ηὑρέθη.
τῷ μὲν δικαίῳ τόνδ' ἀμιλλῶμαι λόγον·
ἃ δ' ἀντιδοῦναι δεῖ σ' ἀπαιτούσης ἐμοῦ,
ἄκουσον. ἥψω τῆς ἐμῆς, ὡς φῄς, χερὸς
καὶ τῆσδε γραίας προσπίτνων παρηίδος·
ἀνθάπτομαί σου τῶνδε τῶν αὐτῶν ἐγὼ
χάριν τ' ἀπαιτῶ τὴν τόθ' ἱκετεύω τέ σε,
μή μου τὸ τέκνον ἐκ χερῶν ἀποσπάσῃς,
μηδὲ κτάνητε· τῶν τεθνηκότων ἅλις.
ταύτῃ γέγηθα κἀπιλήθομαι κακῶν.
ἥδ' ἀντὶ πολλῶν ἐστί μοι παραψυχή,
πόλις, τιθήνη, βάκτρον, ἡγεμὼν ὁδοῦ.
οὐ τοὺς κρατοῦντας χρὴ κρατεῖν ἃ μὴ χρεών,
οὐδ' εὐτυχοῦντας εὖ δοκεῖν πράξειν ἀεί·
κἀγὼ γὰρ ἦ ποτ', ἀλλὰ νῦν οὐκ εἴμ' ἔτι,
τὸν πάντα δ' ὄλβον ἦμαρ ἕν μ' ἀφείλετο.
ἀλλ', ὦ φίλον γένειον, αἰδέσθητί με,
οἴκτιρον· ἐλθὼν δ' εἰς Ἀχαιικὸν στρατὸν
παρηγόρησον, ὡς ἀποκτείνειν φθόνος
γυναῖκας, ἃς τὸ πρῶτον οὐκ ἐκτείνατε
βωμῶν ἀποσπάσαντες, ἀλλ' ᾠκτίρατε.
νόμος δ' ἐν ὑμῖν τοῖς τ' ἐλευθέροις ἴσος
καὶ τοῖσι δούλοις αἵματος κεῖται πέρι.
τὸ δ' ἀξίωμα, κἂν κακῶς λέγῃ, τὸ σὸν

A Tindárida, sim, tem o mais aviltante primor,
270 e ela, não menos que nós, se deixou desbriar.
Eu, de cá, com brio, este pleito disputo!
Urge que devolvas o demandado por mim;
escuta! Tocaste, tal qual dizes, minha mão
ao caíres perante esta cara velha aqui.
275 De volta eu te toco, no mesmo lugar, e o
tributo de outrora eis que te rogo e suplico:
não me roubes das mãos o fruto, e vós
todos, não mateis! Já há mortos que chega!
Com esta me alegro, desanuvio temporais.
280 Contra tudo, ela aqui é fôlego, aragem,
ancoragem, sustento, apoio e rumo.
Não cabe aos chefes chefiar o que não lhes cabe,
nem aos bem-fadados pensar bem acabar sempre;
eu também um dia fui, j'agora não sou mais,
285 um só dia toda alegria me levou.
Então, ó viso amigo, poupa-me, tem
compaixão! No que fores até a tropa dos
acaios, sustenta que é vileza mulheres
abater, elas que dos altares, antes,
290 excarcerastes; não matastes, mas consolastes.
É assim qu'entre vós, acerca do sangue,
lei-mor vigora igual sobre livres e cativos.
O renome, o teu, mesmo que fales mal,

πείσει: λόγος γὰρ ἔκ τ' ἀδοξούντων ἰὼν
κἀκ τῶν δοκούντων αὐτὸς οὐ ταὐτὸν σθένει.

Χορός
οὐκ ἔστιν οὕτω στερρὸς ἀνθρώπου φύσις,
ἥτις γόων σῶν καὶ μακρῶν ὀδυρμάτων
κλύουσα θρήνους οὐκ ἂν ἐκβάλοι δάκρυ.

Ὀδυσσεύς
Ἑκάβῃ, διδάσκου, μηδὲ τῷ θυμουμένῳ
τὸν εὖ λέγοντα δυσμενῆ ποιοῦ φρενός.
ἐγὼ τὸ μὲν σὸν σῶμ' ὑφ' οὗπερ εὐτύχουν
σῴζειν ἕτοιμός εἰμι κοὐκ ἄλλως λέγω·
ἃ δ' εἶπον εἰς ἅπαντας οὐκ ἀρνήσομαι,
Τροίας ἁλούσης ἀνδρὶ τῷ πρώτῳ στρατοῦ
σὴν παῖδα δοῦναι σφάγιον ἐξαιτουμένῳ.
ἐν τῷδε γὰρ κάμνουσιν αἱ πολλαὶ πόλεις,
ὅταν τις ἐσθλὸς καὶ πρόθυμος ὢν ἀνὴρ
μηδὲν φέρηται τῶν κακιόνων πλέον.
ἡμῖν δ' Ἀχιλλεὺς ἄξιος τιμῆς, γύναι,
θανὼν ὑπὲρ γῆς Ἑλλάδος κάλλιστ' ἀνήρ.
οὔκουν τόδ' αἰσχρόν, εἰ βλέποντι μὲν φίλῳ
χρώμεσθ', ἐπεὶ δ' ὄλωλε, μὴ χρώμεσθ' ἔτι;
εἶεν· τί δῆτ' ἐρεῖ τις, ἤν τις αὖ φανῇ
στρατοῦ τ' ἄθροισις πολεμίων τ' ἀγωνία;

se impõe: é que palavra igual – venha de
295 afamados ou difamados – igual não abala.

Coro
Não há laia de gente tão empedrada que
os trinos de teus compridos e soídos
carpidos escute sem se derreter em pranto.

Odisseu
Hécuba, aprende, e não faças amargoso
300 pra teu louco peito quem bem te instrui.
Por mim, o teu corpo – que por sorte ganhei –
resoluto eu vou salvar; mais não digo.
E o que disse para todos, não renego: "Hei de
dar – tão logo Troia domada seja – para o primaz
305 da tropa, macho queixoso, a tua filha imolada!"
Decerto é que, com isto, as muitas vilas se esfalfam,
das vezes de quando um varão útil e prestimoso
nada mais do que um dos nulos ganha. E pra
nós, mulher, Aquiles que – pela terra dos gregos –
310 viripotentíssimo morreu, foi talhado pra loas.
Então, não é vexamoso que prezemos o amigo que
se vê e, depois que ele se foi, o desprezemos?
Êh hê! Que dirão alguns, se algo de novo
surge, uma convocação de tropa e disputa

πότερα μαχούμεθ' ἢ φιλοψυχήσομεν,
τὸν κατθανόνθ' ὁρῶντες οὐ τιμώμενον;
καὶ μὴν ἔμοιγε ζῶντι μέν καθ' ἡμέραν
κεἰ σμίκρ' ἔχοιμι πάντ' ἂν ἀρκούντως ἔχοι·
τύμβον δὲ βουλοίμην ἂν ἀξιούμενον
τὸν ἐμὸν ὁρᾶσθαι· διὰ μακροῦ γὰρ ἡ χάρις.
εἰ δ' οἰκτρὰ πάσχειν φῄς, τάδ' ἀντάκουέ μου·
εἰσὶν παρ' ἡμῖν οὐδὲν ἧσσον ἄθλιαι
γραῖαι γυναῖκες ἠδὲ πρεσβῦται σέθεν,
νύμφαι τ' ἀρίστων νυμφίων τητώμεναι,
ὧν ἥδε κεύθει σώματ' Ἰδαία κόνις.
τόλμα τάδ'. ἡμεῖς δ', εἰ κακῶς νομίζομεν
τιμᾶν τὸν ἐσθλόν, ἀμαθίαν ὀφλήσομεν·
οἱ βάρβαροι δὲ μήτε τοὺς φίλους φίλους
ἡγεῖσθε μήτε τοὺς καλῶς τεθνηκότας
θαυμάζεθ', ὡς ἂν ἡ μὲν Ἑλλὰς εὐτυχῇ,
ὑμεῖς δ' ἔχηθ' ὅμοια τοῖς βουλεύμασιν.

Χορός
αἰαῖ· τὸ δοῦλον ὡς κακὸν πέφυκ' ἀεὶ
τολμᾷ θ' ἃ μὴ χρή, τῇ βίᾳ νικώμενον.

Ἑκάβη
ὦ θύγατερ, οὑμοὶ μὲν λόγοι πρὸς αἰθέρα
φροῦδοι μάτην ῥιφέντες ἀμφὶ σοῦ φόνου·

315   de combates? De duas uma: combatemos ou,
       vendo os mortos deslouvados, fugimos pela vida?
       E mais: eu cá, que por mim vivo o cada dia (se
       pouco ganho o que ganho me basta),
       inda assim, eu queria ver distinguida a
320   minha tumba com um favor pra todo o sempre!
       Mas como dizes dores padecer, *rescuta* de mim
       isto: entre nós e, não menos abatidas que tu,
       há mulheres calejadas e até veteranas, e
       moças precisadas de moços, os mais ardentes;
325   mas deles, o pó do monte Ida já cobriu os corpos.
       Encara isso! Nós, se é que malfazemos em
       honrar o valoroso, ignorância confessamos.
       Mas os bárbaros… Nem enviais amigos
       aos amigos, nem louvais os que com brio
330   morreram, por isso, afortunada seja a Grécia,
       e vós, convém mais é terdes propósitos assim.

Coro
Guai, ai! A servidão é aperto sem fim, nasce assim,
com sanha, e ousa dar o que não carece ao vencido.

Hécuba
Ô filha, no vão do éter, ao léu atiradas, as
335   minhas falas contra tua degola vão! Mas tu,

σὺ δ', εἴ τι μείζω δύναμιν ἢ μήτηρ ἔχεις,
σπούδαζε πάσας ὥστ' ἀηδόνος στόμα
φθογγὰς ἱεῖσα, μὴ στερηθῆναι βίου.
πρόσπιπτε δ' οἰκτρῶς τοῦδ' Ὀδυσσέως γόνυ
καὶ πεῖθ' (ἔχεις δὲ πρόφασιν· ἔστι γὰρ τέκνα
καὶ τῷδε) τὴν σὴν ὥστ' ἐποικτῖραι τύχην.

Πολυξένη
ὁρῶ σ', Ὀδυσσεῦ, δεξιὰν ὑφ' εἵματος
κρύπτοντα χεῖρα καὶ πρόσωπον ἔμπαλιν
στρέφοντα, μή σου προσθίγω γενειάδος.
θάρσει· πέφευγας τὸν ἐμὸν Ἱκέσιον Δία·
ὡς ἕψομαί γε τοῦ τ' ἀναγκαίου χάριν
θανεῖν τε χρῄζουσ'· εἰ δὲ μὴ βουλήσομαι,
κακὴ φανοῦμαι καὶ φιλόψυχος γυνή.
τί γάρ με δεῖ ζῆν; ᾗ πατὴρ μὲν ἦν ἄναξ
Φρυγῶν ἁπάντων· τοῦτό μοι πρῶτον βίου·
ἔπειτ' ἐθρέφθην ἐλπίδων καλῶν ὕπο
βασιλεῦσι νύμφη, ζῆλον οὐ σμικρὸν γάμων
ἔχουσ', ὅτου δῶμ' ἑστίαν τ' ἀφίξομαι·
δέσποινα δ' ἡ δύστηνος Ἰδαίαισιν ἦ
γυναιξί, παρθένοις τ' ἀπόβλεπτος μέτα,
ἴση θεοῖσι πλὴν τὸ κατθανεῖν μόνον.
νῦν δ' εἰμὶ δούλη. πρῶτα μέν με τοὔνομα
θανεῖν ἐρᾶν τίθησιν οὐκ εἰωθὸς ὄν·

se tens maior força que uma mãe, apressa-te
e derrama, tal qual boca de rouxinol,
toda uma cantoria, não vás perder a vida!
Cai dolente ali aos joelhos do Odisseu;
340 e força – sabes um motivo, a prole,
ele aí tem – para ele da tua sorte se condoer.

Polixena
Te reparo bem, Odisseu, debaixo da capa,
a mão direita escondida, o rosto de viés,
virado, modos que eu nem te roce o queixo.
345 Ah... tenta! Tu te safaste de meu Zeus Protetor!
Assim, mercê do fado, eu te sigo, vou ansiada
por morrer. Fato é que, se isso eu não anseio,
mais pareço mulher qualquer em ânsia vital.
De que me vale viver? Esta, cujo pai era
350 chefe-mor dos frígios todos, na primavera da vida?
Afinal, me enchi de gorda presunção: fui a
prometida de reis! Tida com não pouca inveja,
face à casa, fogo-altar e bodas de quem me levasse!
Eu, a dominada, dona entre as troianas era,
355 entre mulheres e moças, longe mirada,
tal qual deuses... De menos no morrer.
E agora escrava sou. Mas antes, só o nome – que
trivial não é – ânsias me dava de morrer!

ἔπειτ' ἴσως ἂν δεσποτῶν ὠμῶν φρένας
τύχοιμ' ἄν, ὅστις ἀργύρου μ' ὠνήσεται,
τὴν Ἕκτορός τε χἀτέρων πολλῶν κάσιν,
προσθεὶς δ' ἀνάγκην σιτοποιὸν ἐν δόμοις,
σαίρειν τε δῶμα κερκίσιν τ' ἐφεστάναι
λυπρὰν ἄγουσαν ἡμέραν μ' ἀναγκάσει·
λέχη δὲ τἀμὰ δοῦλος ὠνητός ποθεν
χρανεῖ, τυράννων πρόσθεν ἠξιωμένα.
οὐ δῆτ'· ἀφίημ' ὀμμάτων ἐλευθέρων
φέγγος τόδ', Ἅιδῃ προστιθεῖσ' ἐμὸν δέμας.
ἄγ' οὖν μ', Ὀδυσσεῦ, καὶ διέργασαί μ' ἄγων·
οὔτ' ἐλπίδος γὰρ οὔτε του δόξης ὁρῶ
θάρσος παρ' ἡμῖν ὥς ποτ' εὖ πρᾶξαί με χρή.
μῆτερ, σὺ δ' ἡμῖν μηδὲν ἐμποδὼν γένῃ,
λέγουσα μηδὲ δρῶσα, συμβούλου δέ μοι
θανεῖν πρὶν αἰσχρῶν μὴ κατ' ἀξίαν τυχεῖν.
ὅστις γὰρ οὐκ εἴωθε γεύεσθαι κακῶν,
φέρει μέν, ἀλγεῖ δ' αὐχέν' ἐντιθεὶς ζυγῷ·
θανὼν δ' ἂν εἴη μᾶλλον εὐτυχέστερος
ἢ ζῶν· τὸ γὰρ ζῆν μὴ καλῶς μέγας πόνος.

Χορός
δεινὸς χαρακτὴρ κἀπίσημος ἐν βροτοῖς
ἐσθλῶν γενέσθαι, κἀπὶ μεῖζον ἔρχεται
τῆς εὐγενείας ὄνομα τοῖσιν ἀξίοις.

Vai que de donos de bruto peito, acaso, um me
360 chegasse, um que por prata me comprasse –
a parente de Heitor e de tantos outros –,
um que juntasse a desgraceira de cozinhar em
casa, de limpar a casa, de enliçar na tecelagem
e me fadasse a carregar soturnos dias!
365 Minha esteira, um d'algures, escravo comprado,
encardirá a que fora digna de déspotas.
Nunca, jamais! Varro desses olhos livres
o fulgor! Entrego meu corpo ao Hades.
Escolta-me, Odisseu; no escoltar, me finas.
370 Alento sem anelo nem glória alguma vejo
pra nós, ao cumprir à risca, um dia, o que carecia.
Mãe, tu ó, não sejas pra nós *pedra no caminho*.
Fala nada. Nada executa. Joga de morrer junto
comigo, não vás acertar na desglória da vergonha.
375 Eh! Quem não usou provar o amargo, aguenta,
mas se condói com o jugo posto no pescoço!
E morto ele seria muito mais feliz que
vivo! É que viver sem brio é luta mor.

Coro
Famigerado caráter ufano entre viventes,
380 nascer de figurões, fica ainda maior o
nome da boa raça para os briosos.

Ἑκάβη
καλῶς μὲν εἶπας, θύγατερ, ἀλλὰ τῷ καλῷ
λύπη πρόσεστιν. εἰ δὲ δεῖ τῷ Πηλέως
χάριν γενέσθαι παιδὶ καὶ φόγον φυγεῖν
ὑμᾶς, Ὀδυσσεῦ, τήνδε μὲν μὴ κτείνετε,
ἡμᾶς δ' ἄγοντες πρὸς πυρὰν Ἀχιλλέως
κεντεῖτε, μὴ φείδεσθ'· ἐγὼ ʼʼτεκον Πάριν,
ὃς παῖδα Θέτιδος ὤλεσεν τόξοις βαλών.

Ὀδυσσεύς
οὐ σ', ὦ γεραιά, κατθανεῖν Ἀχιλλέως
φάντασμ' Ἀχαιούς, ἀλλὰ τήνδ', ᾐτήσατο.

Ἑκάβη
ὑμεῖς δέ μ' ἀλλὰ θυγατρὶ συμφονεύσατε,
καὶ δὶς τόσον πῶμ' αἵματος γενήσεται
γαίᾳ νεκρῷ τε τῷ τάδ' ἐξαιτουμένῳ.

Ὀδυσσεύς
ἅλις κόρης σῆς θάνατος, οὐ προσοιστέος
ἄλλος πρὸς ἄλλῳ· μηδὲ τόνδ' ὠφείλομεν.

Ἑκάβη
πολλή γ' ἀνάγκη θυγατρὶ συνθανεῖν ἐμέ.

Hécuba

Trovaste bem, filha, mas junto ao bem, à frente,
pesadume vem... Se um regalo ao filho de Peleu
vos carece ter, também vos vale da verrina
385 correr, Odisseu. Não, não ceifeis esta aqui,
mas a nós, as que vão à pira de Aquiles,
ceifai sem titubear! Fui eu quem chocou Páris,
que num lance de dardos o filho de Tétis abateu.

Odisseu

Não a ti, velha! A matar instou Aquiles,
390 *bom*-assombro pros aqueus surgido, a esta.

Hécuba

Sem menos: vós, então, sangrai-me junto co'a filha,
dois tantos mais do gorgolão de sangue viçará
pra terra e pro defunto que isso demandou.

Odisseu

A morte da tua moça chega — sem sobejos —
395 um por um! Nem mesmo dela por paga carecemos.

Hécuba

Tenho muita precisão de com ela me ir.

Ὀδυσσεύς
πῶς; οὐ γὰρ οἶδα δεσπότας κεκτημένος.

Ἑκάβη
ὁποῖα κισσὸς δρυός, ὅπως τῆσδ' ἕξομαι.

Ὀδυσσεύς
οὔκ, ἤν γε πείθῃ τοῖσι σοῦ σοφωτέροις.

Ἑκάβη
ὡς τῆσδ' ἑκοῦσα παιδὸς οὐ μεθήσομαι.

Ὀδυσσεύς
ἀλλ' οὐδ' ἐγὼ μὴν τήνδ' ἄπειμ' αὐτοῦ λιπών.

Πολυξένη
μῆτερ, πιθοῦ μοι· καὶ σύ, παῖ Λαερτίου,
χάλα τοκεῦσιν εἰκότως θυμουμένοις,
σύ τ', ὦ τάλαινα, τοῖς κρατοῦσι μὴ μάχου.
βούλῃ πεσεῖν πρὸς οὖδας ἑλκῶσαί τε σὸν
γέροντα χρῶτα πρὸς βίαν ὠθουμένη,
ἀσχημονῆσαί τ' ἐκ νέου βραχίονος
σπασθεῖσ', ἃ πείσῃ; μὴ σύ γ'· οὐ γὰρ ἄξιον.
ἀλλ', ὦ φίλη μοι μῆτερ, ἡδίστην χέρα
δὸς καὶ παρειὰν προσβαλεῖν παρηίδι·

Odisseu

Puxa! Eis um comandante. Arrematei um e não vi!

Hécuba

Eis-me: hera no tronco; nela liana vou.

Odisseu

Não, se te vergas aos mais taludos que tu.

Hécuba

400   Ó que por bem é que não solto a menina.

Odisseu

E nem eu me vou embora, deixando-a pra trás.

Polixena

Mãe, obedece-me! E tu, filho de Laertes,
poupa as mães visivelmente aflitas;
tu, lutosa, não combatas potentados.
405   Buscas te resvalar e despencar no chão
arrastada à força pela tua velha carne,
e por braço novo, lacerada, te rasgares?
Passarás por isso? Ah, tu não! Não é justo.
Auê, *ma* querida mãe, dá-me a mão louçã,
410   encosta lábio com lábio, face com face!

ὡς οὔποτ' αὖθις, ἀλλὰ νῦν πανύστατον
ἀκτῖνα κύκλον θ' ἡλίου προσόψομαι.
τέλος δέχῃ δὴ τῶν ἐμῶν προσφθεγμάτων.
ὦ μῆτερ, ὦ τεκοῦσ', ἄπειμι δὴ κάτω.

Ἑκάβη
ὦ θύγατερ, ἡμεῖς δ' ἐν φάει δουλεύσομεν.

Πολυξένη
ἄνυμφος ἀνυμέναιος ὧν μ' ἐχρῆν τυχεῖν.

Ἑκάβη
οἰκτρὰ σύ, τέκνον, ἀθλία δ' ἐγὼ γυνή.

Πολυξένη
ἐκεῖ δ' ἐν Ἅιδου κείσομαι χωρὶς σέθεν.

Ἑκάβη
οἴμοι· τί δράσω; ποῖ τελευτήσω βίον;

Πολυξένη
δούλη θανοῦμαι, πατρὸς οὖσ' ἐλευθέρου.

Ἑκάβη
ἡμεῖς δὲ πεντήκοντά γ' ἄμμοροι τέκνων.

Pois de novo nunca mais; agora, só e ao
derradeiro, verei a roda e o fulgor do sol.
Que seja! Colhe os ais que ultimei enfim.
Ô senhora dona mãe, abismo vou abaixo.

Hécuba

415　E nós, filha, em plena luz do sol, nos curvaremos.

Polixena

Sem par, sem bodas, coisas que carecia lograr.

Hécuba

Fruto gorado és tu e vara ressequida eu.

Polixena

Longe de ti, lá no acoito de Hades deitarei...

Hécuba

Ô eu! Que farei? Por onde arremato essa vida?

Polixena

420　... morrerei serva, de pai livre sendo...

Hécuba

E nós... Malogradas em cinquenta frutos...

Πολυξένη
τί σοι πρὸς Ἕκτορ' ἢ γέροντ' εἴπω πόσιν;

Ἑκάβη
ἄγγελλε πασῶν ἀθλιωτάτην ἐμέ.

Πολυξένη
ὦ στέρνα μαστοί θ', οἵ μ' ἐθρέψαθ' ἡδέως.

Ἑκάβη
ὦ τῆς ἀώρου θύγατερ ἀθλίας τύχης.

Πολυξένη
χαῖρ', ὦ τεκοῦσα, χαῖρε Κασάνδρα τ' ἐμοί.

Ἑκάβη
χαίρουσιν ἄλλοι, μητρὶ δ' οὐκ ἔστιν τόδε.

Πολυξένη
ὅ τ' ἐν φιλίπποις Θρῃξὶ Πολύδωρος κάσις.

Ἑκάβη
εἰ ζῇ γ'· ἀπιστῶ δ'· ὧδε πάντα δυστυχῶ.

Polixena

... por ti; que direi pro Heitor ou pro velho esposo?

Hécuba

Diz que eu aqui sou – de todas – a mais *desfeliz*.

Polixena

Ô colo e seios que mimosos me nutriram.

Hécuba

425   Ô nefasta e *temporona* sina essa sua, filha!

Polixena

Fica bem, dona mãe, por mim fica bem, Cassandra!

Hécuba

Que fiquem bem os outros! Isso pra mães não dá!

Polixena

Também o mano, lá com cavaleirosos trácios, o Polidoro...

Hécuba

... se é que vive, me acautelo, pois tudo me malfada.

Πολυξένη
ζῇ καὶ θανούσης ὄμμα συγκλῄσει τὸ σόν.

Ἑκάβη
τέθνηκ᾽ ἔγωγε πρὶν θανεῖν κακῶν ὕπο.

Πολυξένη
κόμιζ᾽, Ὀδυσσεῦ, μ᾽ ἀμφιθεὶς κάρα πέπλοις
ὡς πρὶν σφαγῆναί γ᾽ ἐκτέτηκα καρδίαν
θρήνοισι μητρὸς τήνδε τ᾽ ἐκτήκω γόοις.
ὦ φῶς· προσειπεῖν γὰρ σὸν ὄνομ᾽ ἔξεστί μοι,
μέτεστι δ᾽ οὐδὲν πλὴν ὅσον χρόνον ξίφους
βαίνω μεταξὺ καὶ πυρᾶς Ἀχιλλέως.

Ἑκάβη
οἲ 'γώ, προλείπω· λύεται δέ μου μέλη.
ὦ θύγατερ, ἅψαι μητρός, ἔκτεινον χέρα,
δός· μὴ λίπῃς μ᾽ ἄπαιδ᾽. ἀπωλόμην, φίλαι …
ὡς τὴν Λάκαιναν σύγγονον Διοσκόροιν
Ἑλένην ἴδοιμι· διὰ καλῶν γὰρ ὀμμάτων
αἴσχιστα Τροίαν εἷλε τὴν εὐδαίμονα.

Χορός
αὔρα, ποντιὰς αὔρα,
ἅτε ποντοπόρους κομί-

Polixena

430 Vives ainda; morta, ele há de te fechar os olhos.

Hécuba

Morta – de muita dor – antes de morrer estou.

Polixena

Escolta-me, Odisseu! Velada, cabeça sob véus,
antes de me abaterem, alma enregelada sou; co'a
melúria desta mãe, estilhaço-me com seus ais.
435 Deixa-me ressumbrar, ó luz, teu nome!
Marcho. Nada de permeio há, exceto um certo
tempo entre o cutelo e a pira de Aquiles.

Hécuba

Dói! Ô eu, desfaleço, as juntas me tremem.
Ô filha, firma a mãe, estende a mão – Solta!
440 Sem prole não me deixes! – agonizo, amigas...
Que a espartana, casta dos dois moços de Zeus,
Helena, assim eu possa ver! Por seus bonitos olhos,
vilíssima, a fortunada Troia conquistou.

Coro

Vento que vem do mar, vento
445 que conduzes as barcas espertas-

HÉCUBA

ζεις θοὰς ἀκάτους ἐπ' οἶδμα λίμνας,
ποῖ με τὰν μελέαν πορεύ-
σεις; τῷ δουλόσυνος πρὸς οἶκον κτηθεῖσ' ἀφίζομαι; ἢ
Δωρίδος ὅρμον αἴας;
ἢ Φθιάδος, ἔνθα τὸν
καλλίστων ὑδάτων πατέρα
φασὶν Ἀπιδανὸν πεδία λιπαίνειν;

ἢ νάσων, ἁλιήρει
κώπᾳ πεμπομέναν τάλαι-
ναν, οἰκτρὰν βιοτὰν ἔχουσαν οἴκοις,
ἔνθα πρωτόγονός τε φοῖ-
νιξ δάφνα θ' ἱεροὺς ἀνέ-
σχε πτόρθους Λατοῖ φίλᾳ ὠ-
δῖνος ἄγαλμα Δίας;
σὺν Δηλιάσιν τε κού-
ραισιν Ἀρτέμιδος θεᾶς
χρυσέαν ἄμπυκα τόξα τ' εὐλογήσω;

ἢ Παλλάδος ἐν πόλει
τὰς καλλιδίφρους Ἀθα-
ναίας ἐν κροκέῳ πέπλῳ
ζεύξομαι ἆρα πώλους ἐν
δαιδαλέαισι ποικίλλουσ'

-abre-alas pela rebentação dos remansos,
a amargurada, pra onde me vianda-
rás? A quem submetida? Regateada,
a que casa aportarei? Num
450 cais de terra dórica,
ou fítia, ali onde
o pai Apídano de claríssimas
águas, dizem, irriga as planuras?

455 Vou pras ilhas, pela frota
rasga-mar escoltada, tristo-
nha, nas casas vida lacerada levar...
ali onde a tamareira primaz
mais o loureiro suspenderam
460 devotos brotos pra dileta Leto, parto-
em-dores, brio de Zeus?
Co'as moças délias de
coroa dourada e arco
465 da deusa Ártemis celebrarei?

Vou pra cidade de Palas,
o *belcarril* de Atena,
num peplo açafrão bordar?
Bordo potrancas nos flores-
470 centes brocados com

HÉCUBA

ἀνθοκρόκοισι πήναις, ἣ
Τιτάνων γενεὰν
τὰν Ζεὺς ἀμφιπύρῳ κοιμί-
ζει φλογμῷ Κρονίδας;

ὤ μοι τεκέων ἐμῶν,
ὤ μοι πατέρων χθονός θ',
ἃ καπνῷ κατερείπεται,
τυφομένα, δορίκτητος
Ἀργείων· ἐγὼ δ' ἐν ξεί-
νᾳ χθονὶ δὴ κέκλημαι δού-
λα, λιποῦσ' Ἀσίαν,
Εὐρώπας θεραπνᾶν ἀλλά-
ξασ' Ἅιδα θαλάμους.

Ταλθύβιος
ποῦ τὴν ἄνασσαν δή ποτ' οὖσαν Ἰλίου
Ἑκάβην ἂν ἐξεύροιμι, Τρῳάδες κόραι;

Χορός
αὕτη πέλας σου νῶτ' ἔχουσ' ἐπὶ χθονί,
Ταλθύβιε, κεῖται ξυγκεκλῃμένη πέπλοις.

Ταλθύβιος
ὦ Ζεῦ, τί λέξω; πότερά σ' ἀνθρώπους ὁρᾶν;

alinhavos multicores? Ou
alinhavo a raça dos titãs que
Zeus Cronida com língua
bífida de fogo encandeia?

475 *Orrô* de mim, dos brotos meus,
orrô de mim, dos pais, do chão,
a que enfumaçada em cinza
se esfarelou, lancetada
por argivos! E eu, em alheio
480 chão, alcunhada escrava,
debandada da Ásia,
servente da maridagem da Eu-
ropa em vez de Hades.

Taltíbio
Onde acharia a soberana d'outrora,
485 Hécuba de Ílion, moças troianas?

Coro
Aí. Esta, aí, junto de ti, dorso sobre o chão,
Taltíbio, estendida, nos panos amortalhada.

Taltíbio
Meu Zeus! Que dizer? De duas uma: vês as

HÉCUBA

ἢ δόξαν ἄλλως τήνδε κεκτῆσθαι μάτην,
ψευδῆ, δοκοῦντας δαιμόνων εἶναι γένος
τύχην δὲ πάντα τἀν βροτοῖς ἐπισκοπεῖν;
οὐχ ἥδ' ἄνασσα τῶν πολυχρύσων Φρυγῶν,
οὐχ ἥδε Πριάμου τοῦ μέγ' ὀλβίου δάμαρ;
καὶ νῦν πόλις μὲν πᾶσ' ἀνέστηκεν δορί,
αὐτὴ δὲ δούλη γραῦς ἄπαις ἐπὶ χθονὶ
κεῖται, κόνει φύρουσα δύστηνον κάρα.
φεῦ φεῦ· γέρων μέν εἰμ', ὅμως δέ μοι θανεῖν
εἴη πρὶν αἰσχρᾷ περιπεσεῖν τύχῃ τινί.
ἀνίστασ', ὦ δύστηνε, καὶ μετάρσιον
πλευρὰν ἔπαιρε καὶ τὸ πάλλευκον κάρα.

Ἑκάβη
ἔα· τίς οὗτος σῶμα τοὐμὸν οὐκ ἐᾷ
κεῖσθαι; τί κινεῖς μ', ὅστις εἶ, λυπουμένην;

Ταλθύβιος
Ταλθύβιος ἥκω Δαναϊδῶν ὑπηρέτης,
Ἀγαμέμνονος πέμψαντος, ὦ γύναι, μέτα.

Ἑκάβη
ὦ φίλτατ', ἆρα κἄμ' ἐπισφάξαι τάφῳ
δοκοῦν Ἀχαιοῖς ἦλθες; ὡς φίλ' ἂν λέγοις.
σπεύδωμεν, ἐγκονῶμεν· ἡγοῦ μοι, γέρον.

criaturas, ou, d'outra'í, auras vãs angariaste,
490 lérias, dos que acham ter mesmo uma raça
divina que a sorte tudo apura entre mortais?!
E ela'í não é rainha dos frígios ourados? E mais
aí, ela não é a consorte do *megafeliz* Príamo?
Mas a cidade, sob a lança, já foi toda evacuada
495 e esta aí, velha serventia sem filho, no chão
expira, esta que encarde a cara infeliz no pó.
Maus ao léu! Sou mesmo velho; ind'assim, antes
me fosse dado morrer que cair em sina ruim.
Apruma, molambo, e, de pé, endireita
500 as costas e essa tão branca cabeça.

Hécuba
Êa! Este que não deixa meu corpo jazer é
quem? Por que a transida me fustigas, quem és?

Taltíbio
Taltíbio. Chego a mando dos dânaos,
de Agamêmnon expedido, ô mulher, *eis* cá.

Hécuba
505 Bom amigo, ara bem, vens pelos aqueus, para
na tumba me jugular? Aí sim um obséquio dirias.
Apressemo-nos, apressuremo-nos, velho! Conduz-me!

Ταλθύβιος
σὴν παῖδα κατθανοῦσαν ὡς θάψῃς, γύναι,
ἥκω μεταστείχων σε· πέμπουσιν δέ με
δισσοί τ' Ἀτρεῖδαι καὶ λεὼς Ἀχαιικός.

Ἑκάβη
οἴμοι, τί λέξεις; οὐκ ἄρ' ὡς θανουμένους
μετῆλθες ἡμᾶς, ἀλλὰ σημανῶν κακά;
ὄλωλας, ὦ παῖ, μητρὸς ἁρπασθεῖσ' ἄπο·
ἡμεῖς δ' ἄτεκνοι τοὐπὶ σ'· ὦ τάλαιν' ἐγώ.
πῶς καί νιν ἐξεπράξατ'; ἆρ' αἰδούμενοι;
ἢ πρὸς τὸ δεινὸν ἤλθεθ' ὡς ἐχθράν, γέρον,
κτείνοντες; εἰπέ, καίπερ οὐ λέξων φίλα.

Ταλθύβιος
διπλᾶ με χρῄζεις δάκρυα κερδᾶναι, γύναι,
σῆς παιδὸς οἴκτῳ· νῦν τε γὰρ λέγων κακὰ
τέγξω τόδ' ὄμμα, πρὸς τάφῳ θ' ὅτ' ὤλλυτο.
παρῆν μὲν ὄχλος πᾶς Ἀχαιικοῦ στρατοῦ
πλήρης πρὸ τύμβου σῆς κόρης ἐπὶ σφαγάς·
λαβὼν δ' Ἀχιλλέως παῖς Πολυξένην χερὸς
ἔστησ' ἐπ' ἄκρου χώματος, πέλας δ' ἐγώ·
λεκτοί τ' Ἀχαιῶν ἔκκριτοι νεανίαι,
σκίρτημα μόσχου σῆς καθέξοντες χεροῖν,
ἕσποντο. πλῆρες δ' ἐν χεροῖν λαβὼν δέπας

Taltíbio

Pros ritos; é que tua menina, mulher, morreu.
A ti pressuroso chego; mandaram-me
510 os dois Atridas mais o vulgo aquivo.

Hécuba

Dói! Que falaste? Ara?! Como a morituros
não vens a nós, mas vens sinaleiro de dores?
Acabaste, filha, *pedaço arrancado de mim*!
E nós – no que é por ti –, *desfilhadas*! Ai-me, mísera!
515 Consoante a ela, como agistes? C'os recatados modos?
Ou à bruta chegastes, qual algoz, velho, dos
que trucidam? Diz, inda que por malditos ditos.

Taltíbio

Duo de prantos me exiges sacar, mulher, com
nênias por tua *niña*! E agora, dores catando, a
520 vista vou afogar tal qual fiz no qu'ela perecia
junto à campa! Da frota aquiva, de cara pro
abate da tua moça na tumba, todo o batalhão!
Foi o filho d'Aquiles que de Polixena a mão
prendeu. De pé, no topo do encerro – eu junto –
525 altanados moços favoritos dos aqueus, por
mo'de reter co'as duas mãos os pinotes da
cabrita tua, escoltavam. Co'as ambas mãos, o

πάγχρυσον αἴρει χειρὶ παῖς Ἀχιλλέως
χοὰς θανόντι πατρί· σημαίνει δέ μοι
σιγὴν Ἀχαιῶν παντὶ κηρῦξαι στρατῷ.
κἀγὼ καταστὰς εἶπον ἐν μέσοις τάδε·
Σιγᾶτ', Ἀχαιοί, σῖγα πᾶς ἔστω λεώς,
σίγα σιώπα· νήνεμον δ' ἔστησ' ὄχλον.
ὃ δ' εἶπεν· Ὦ παῖ Πηλέως, πατὴρ δ' ἐμός,
δέξαι χοάς μοι τάσδε κηλητηρίους,
νεκρῶν ἀγωγούς· ἐλθὲ δ', ὡς πίῃς μέλαν
κόρης ἀκραιφνὲς αἷμ', ὅ σοι δωρούμεθα
στρατός τε κἀγώ· πρευμενὴς δ' ἡμῖν γενοῦ
λῦσαί τε πρύμνας καὶ χαλινωτήρια
νεῶν δὸς ἡμῖν †πρευμενοῦς† τ' ἀπ' Ἰλίου
νόστου τυχόντας πάντας ἐς πάτραν μολεῖν.
τοσαῦτ' ἔλεξε, πᾶς δ' ἐπηύξατο στρατός.
εἶτ' ἀμφίχρυσον φάσγανον κώπης λαβὼν
ἐξεῖλκε κολεοῦ, λογάσι δ' Ἀργείων στρατοῦ
νεανίαις ἔνευσε παρθένον λαβεῖν.
ἣ δ', ὡς ἐφράσθη, τόνδ' ἐσήμηνεν λόγον·
Ὦ τὴν ἐμὴν πέρσαντες Ἀργεῖοι πόλιν,
ἑκοῦσα θνῄσκω· μή τις ἅψηται χροὸς
τοὐμοῦ· παρέξω γὰρ δέρην εὐκαρδίως.
ἐλευθέραν δέ μ', ὡς ἐλευθέρα θάνω,
πρὸς θεῶν, μεθέντες κτείνατ'· ἐν νεκροῖσι γὰρ
δούλη κεκλῆσθαι βασιλὶς οὖσ' αἰσχύνομαι.

filho de Aquiles cheio copo d'ouro-puro prende,
empina a mão e, pro pai morto, derrama! Aí
530 acena, pr'eu silêncio exortar a todo o esquadrão
aqueu. E eu, em meio a prantos, isto disse:
"Calai, aqueus, na caluda todo povo seja!"
O silêncio timbrou-se! O poviléu serenei.
Aí, ele disse: "Ô filho de Peleu, pai meu,
535 acolhe, por mim, este propício derrame,
invocatório de mortos! Sobe pra que sorvas da
moça pura o sangue torvo que te regalamos o
esquadrão e mais eu! Sê prestimoso co'a gente!
Dos navios, *larga amarra! Proa leva!*
540 Dá-nos lograr, na volta de Ílion, um franco
retorno e, a todos, rumo à pátria arrivar."
Coisas assim falou e todo esquadrão rezou.
Despois tomou do cutelo-dois-cumes-d'ouro,
puxou o cabo do cepo e pro alto escalão de moços
545 da tropa argiva bateu alerta de pegar a moça.
Aí, ela deu cobro disso, e pronunciou um dito!
"Argivos assaltantes de minha vila, *ouvi*,
pressurosa morro! Não me toque ninguém
a pele! Diligente disponho minha garganta.
550 Deixai-me livre, que livre eu morra,
pelos deuses, sem amarras! Eu, principesca sendo,
entre mortos, vexa-me tombar escrava."

λαοὶ δ' ἐπερρόθησαν, Ἀγαμέμνων τ' ἄναξ
εἶπεν μεθεῖναι παρθένον νεανίαις.
οἳ δ', ὡς τάχιστ' ἤκουσαν ὑστάτην ὄπα,
μεθῆκαν, οὗπερ καὶ μέγιστον ἦν κράτος.
κἀπεὶ τόδ' εἰσήκουσε δεσποτῶν ἔπος,
λαβοῦσα πέπλους ἐξ ἄκρας ἐπωμίδος
ἔρρηξε λαγόνας ἐς μέσας παρ' ὀμφαλόν,
μαστούς τ' ἔδειξε στέρνα θ' ὡς ἀγάλματος
κάλλιστα, καὶ καθεῖσα πρὸς γαῖαν γόνυ
ἔλεξε πάντων τλημονέστατον λόγον·
Ἰδού, τόδ', εἰ μὲν στέρνον, ὦ νεανία,
παίειν προθυμῇ, παῖσον, εἰ δ' ὑπ' αὐχένα
χρῄζεις, πάρεστι λαιμὸς εὐτρεπὴς ὅδε.
ὃ δ' οὐ θέλων τε καὶ θέλων οἴκτῳ κόρης,
τέμνει σιδήρῳ πνεύματος διαρροάς·
κρουνοὶ δ' ἐχώρουν. ἣ δὲ καὶ θνῄσκουσ' ὅμως
πολλὴν πρόνοιαν εἶχεν εὐσχήμων πεσεῖν,
κρύπτουσ' ἃ κρύπτειν ὄμματ' ἀρσένων χρεών.
ἐπεὶ δ' ἀφῆκε πνεῦμα θανασίμῳ σφαγῇ,
οὐδεὶς τὸν αὐτὸν εἶχεν Ἀργείων πόνον·
ἀλλ' οἳ μὲν αὐτῶν τὴν θανοῦσαν ἐκ χερῶν
φύλλοις ἔβαλλον, οἳ δὲ πληροῦσιν πυρὰν
κορμοὺς φέροντες πευκίνους, ὁ δ' οὐ φέρων
πρὸς τοῦ φέροντος τοιάδ' ἤκουεν κακά·
Ἕστηκας, ὦ κάκιστε, τῇ νεάνιδι

Aí a tropa fremiu e Agamêmnon rei
aos cadetes ordenou soltar a moça.
555 E eles, no que ouviram o derradeiro mando
do que era *megachefe*, deixaram-na.
E ela, no que ouvia est'ordem de déspotas,
prendeu do alto a túnica no ombro
e a rasgou até o ventre junto d'umbigo;
560 seios e peito deixou ver tal qual *estauta*,
belíssima, e no que dobrou o joelho em terra,
disse uma palavra mais atrevida ainda:
"Vê! T'aqui ó, se anseias esse peito golpear,
cadete, dá o golpe, dá! E se da garganta
565 careces, ei-la, aqui mesmo, pronta!" E ele,
sem querer querendo, preso pela moça, pio,
corta com o ferro as artérias de respiro!
Jorros *borbrotam* e ela, enquanto morria,
por demais precavida, tenta pudica cair,
570 velando dos olhos varões tudo que podia.
Di aí foi que, pela ferida, o ar se esvai,
nenhum Argivo em outra peleja se vai,
senão que para, folhas nas mãos deles tendo, a
morta inteira refolhar; uns outros, a pira
575 com pinhos que levam, 'montoam, e quem num
levava, dos que levam, reproches ouvia:
"Te empacas, ô vil, não tens já na mão para

οὐ πέπλον οὐδὲ κόσμον ἐν χεροῖν ἔχων;
οὐκ εἶ τι δώσων τῇ περίσσ' εὐκαρδίῳ
ψυχῇ τ' ἀρίστῃ; τοιάδ' ἀμφὶ σῆς λέγων
παιδὸς θανούσης, εὐτεκνωτάτην τέ σε
πασῶν γυναικῶν δυστυχεστάτην θ' ὁρῶ.

Χορός
δεινόν τι πῆμα Πριαμίδαις ἐπέζεσεν
πόλει τε τἠμῇ θεῶν ἀνάγκαισιν τόδε.

Ἑκάβη
ὦ θύγατερ, οὐκ οἶδ' εἰς ὅ τι βλέψω κακῶν,
πολλῶν παρόντων· ἢν γὰρ ἅψωμαί τινος,
τόδ' οὐκ ἐᾷ με, παρακαλεῖ δ' ἐκεῖθεν αὖ
λύπη τις ἄλλη διάδοχος κακῶν κακοῖς.
καὶ νῦν τὸ μὲν σὸν ὥστε μὴ στένειν πάθος
οὐκ ἂν δυναίμην ἐξαλείψασθαι φρενός·
τὸ δ' αὖ λίαν παρεῖλες ἀγγελθεῖσά μοι
γενναῖος. οὔκουν δεινόν, εἰ γῆ μὲν κακὴ
τυχοῦσα καιροῦ θεόθεν εὖ στάχυν φέρει,
χρηστὴ δ' ἁμαρτοῦσ' ὧν χρεὼν αὐτὴν τυχεῖν
κακὸν δίδωσι καρπόν, ἀνθρώποις δ' ἀεὶ
ὁ μὲν πονηρὸς οὐδὲν ἄλλο πλὴν κακός,
ὁ δ' ἐσθλὸς ἐσθλός, οὐδὲ συμφορᾶς ὕπο
φύσιν διέφθειρ', ἀλλὰ χρηστός ἐστ' ἀεί;

a moça-cadete nem roupagem nem ornatos?
Um nada não darás, acaso, pra mui brava
580 e nobre alma?" E eu, ao dizer isso da tua
niña morta, vejo-te tal qual a mais bendita
e a mais desgraçada das mulheres todas.

Coro
Pesar danado se abate sobre os de Príamo e
sobre minha vila; é arrocho dos deuses isso aí...

Hécuba
585 Ô filha, não vejo o quê e nem pr'onde hei de olhar,
de tanto solavanco que há! E se miro nalgum
ele não larga de mim e de lá chama um outro,
e um baque soma uma dor a outra dor.
J'agora, tua paixão assim, sem carpir,
590 não posso mesmo da mente apagar!
De revés, o mal a mim pregoado, em brio
poliste. E não é terrível que, às vezes, a terra
magra, com favor dos deuses, cria messe e que
a gorda, na falta do que precisa, fruto magro
595 chega a dar? Mas entre as gentes, o pústula
outra coisa nada é, senão flagelo, sempre,
e o probo, probo, que, mesmo em apuros, não
trai sua natura e segue digno sempre?

ἆρ' οἱ τεκόντες διαφέρουσιν ἢ τροφαί;
ἔχει γε μέντοι καὶ τὸ θρεφθῆναι καλῶς
δίδαξιν ἐσθλοῦ· τοῦτο δ' ἤν τις εὖ μάθῃ,
οἶδεν τό γ' αἰσχρόν, κανόνι τοῦ καλοῦ μαθών.
καὶ ταῦτα μὲν δὴ νοῦς ἐτόξευσεν μάτην·
σὺ δ' ἐλθὲ καὶ σήμηνον Ἀργείοις τάδε,
μὴ θιγγάνειν μοι μηδέν', ἀλλ' εἴργειν ὄχλον,
τῆς παιδός. ἔν τοι μυρίῳ στρατεύματι
ἀκόλαστος ὄχλος ναυτική τ' ἀναρχία
κρείσσων πυρός, κακὸς δ' ὁ μή τι δρῶν κακόν.
σὺ δ' αὖ λαβοῦσα τεῦχος, ἀρχαία λάτρι,
βάψασ' ἔνεγκε δεῦρο ποντίας ἁλός,
ὡς παῖδα λουτροῖς τοῖς πανυστάτοις ἐμήν,
νύμφην τ' ἄνυμφον παρθένον τ' ἀπάρθενον,
λούσω προθῶμαί θ' — ὡς μὲν ἀξία, πόθεν;
οὐκ ἂν δυναίμην· ὡς δ' ἔχω — τί γὰρ πάθω; —
κόσμον τ' ἀγείρασ' αἰχμαλωτίδων πάρα,
αἵ μοι πάρεδροι τῶνδ' ἔσω σκηνωμάτων
ναίουσιν, εἴ τις τοὺς νεωστὶ δεσπότας
λαθοῦσ' ἔχει τι κλέμμα τῶν αὑτῆς δόμων.
ὦ σχήματ' οἴκων, ὦ ποτ' εὐτυχεῖς δόμοι,
ὦ πλεῖστ' ἔχων κάλλιστά τ', εὐτεκνώτατε
Πρίαμε, γεραιά θ' ἥδ' ἐγὼ μήτηρ τέκνων,
ὡς ἐς τὸ μηδὲν ἥκομεν, φρονήματος
τοῦ πρὶν στερέντες. εἶτα δῆτ' ὀγκούμεθα,

Aí, pesa mais quem gera ou quem cria?
600　Decerto o ser educado tem requinte,
ensina a ser digno! E, se isso se aprende bem,
sabe-se o que, de regra, é mau. Ah! É isso...
Aí, ó, a mente pescou de bobeira!
Mas tu vai e pros argivos avisa isto aqui:
605　na minha filha não rele ninguém, que se
represe a chusma. Neste mar de marujos
há enxurro rebelde, desgoverno de ondas mais
voraz que fogo, e devasso é quem não devassa.
Tu, *diosa* avençal, vai logo pegando um jarro,
610　mergulha-o na salsugem do mar, trá-lo aqui;
assim, eu mesma, em lavacros derradeiros, minha
filha em flor desflorada, noiva-mulher desnoivada,
lavarei; hei de exibi-la – como se deve... como?!
Não poderia! Contenho-me? Que devo sofrer? –
615　co'algum adorno emprestado das cativas
que acampam albergadas nas tendas dum
capitão-tenente de derredor, pode ser que uma
guardou, na tenda, uma rapinagem dela.
As vivendas... que porte! Farturadas mansões
620　d'outra era! Que bastança e belezura! E Príamo!
Tão rico em tantos filhos e esta velha aqui,
eu mesma, mãe de brotos, como chegamos
ao nada, roubados da *soberbia* dantes.

ὃ μέν τις ἡμῶν πλουσίοις ἐν δώμασιν,
ὃ δ' ἐν πολίταις τίμιος κεκλημένος.
τὰ δ' οὐδὲν ἄλλως, φροντίδων βουλεύματα
γλώσσης τε κόμποι. κεῖνος ὀλβιώτατος,
ὅτῳ κατ' ἦμαρ τυγχάνει μηδὲν κακόν.

Χορός
ἐμοὶ χρῆν συμφοράν,
ἐμοὶ χρῆν πημονὰν γενέσθαι,
Ἰδαίαν ὅτε πρῶτον ὕλαν
Ἀλέξανδρος εἰλατίναν
ἐτάμεθ', ἅλιον ἐπ' οἶδμα ναυστολήσων
Ἑλένας ἐπὶ λέκτρα, τὰν
καλλίσταν ὁ χρυσοφαὴς
Ἅλιος αὐγάζει.
πόνοι γὰρ καὶ πόνων
ἀνάγκαι κρείσσονες κυκλοῦνται
κοινὸν δ' ἐξ ἰδίας ἀνοίας
κακὸν τᾷ Σιμουντίδι γᾷ
ὀλέθριον ἔμολε συμφορά τ' ἀπ' ἄλλων.
ἐκρίθη δ' ἔρις, ἃν ἐν Ἴ-
δᾳ κρίνει τρισσὰς μακάρων
παῖδας ἀνὴρ βούτας,
ἐπὶ δορὶ καὶ φόνῳ καὶ ἐμῶν μελάθρων λώβᾳ·
στένει δὲ καί τις ἀμφὶ τὸν εὔροον Εὐρώταν

E outrora ufanávamos: um pel'opulência
625 nas nossas mansões, o outro pelo apreço
dos cidadãos. Isso nada valeu, delirantes alvedrios.
Estalos de língua. Próspero, mesmo, é quem
no dia a dia do sofrimento escapa.

Coro
Urge-me vir à condena,
630 sobrevir o enfado me urge, dês que
Alexandre, prima vez,
abateu os abetos do bosqu'Ideu,
rachou, navegante qu'era por sobre salina vagância
635 sobre o leito de Helena, a
bela demais, a que Hélio d'ouro
solamargo ascende.
Sim, peleja das pelejas,
640 compulsão pior fez *rodagirar*, do
desatino de um só, *malgeral*
avança terra do *Solsimões*
afora, fadado e ruinoso pra uns e outros.
Rixa dispôs, dês que, no Ida,
645 um varão pastor se impôs
ao trio das filhas dos mandachuvas
pela lança, sangria e injúria dos meus pilares!
650 Geme, ainda, lá pras bandas do amplo Eurota,

HÉCUBA

Λάκαινα πολυδάκρυτος ἐν δόμοις κόρα,
πολιάν τ' ἐπὶ κρᾶτα μάτηρ
τέκνων θανόντων
†τίθεται χέρα δρύπτεται παρειάν,†
δίαιμον ὄνυχα τιθεμένα σπαραγμοῖς.

Θεράπαινα
γυναῖκες, Ἑκάβη ποῦ ποθ' ἡ παναθλία,
ἡ πάντα νικῶσ' ἄνδρα καὶ θῆλυν σπορὰν
κακοῖσιν; οὐδεὶς στέφανον ἀνθαιρήσεται.

Χορός
τί δ', ὦ τάλαινα σῆς κακογλώσσου βοῆς;
ὡς οὔποθ' εὕδει λυπρά σου κηρύγματα.

Θεράπαινα
Ἑκάβῃ φέρω τόδ' ἄλγος· ἐν κακοῖσι δὲ
οὐ ῥᾴδιον βροτοῖσιν εὐφημεῖν στόμα.

Χορός
καὶ μὴν περῶσα τυγχάνει δόμων ὕπερ
ἥδ', ἐς δὲ καιρὸν σοῖσι φαίνεται λόγοις.

Θεράπαινα
ὦ παντάλαινα κἄτι μᾶλλον ἢ λέγω,

moça espartana casa afora em prantos,
e a mãe dos caídos leva a mão
à cabeça gris,
655 ranha a cara e, c'os rasgos,
as unhas de sangue pintadas ficam.

Criada
Donas, quede Hécuba, dentre os machos e
toda a feminina gente toda-padecente em
660 dores vencedora? Ninguém lhe disputará a coroa.

Coro
Que foi, ave infeliz de berro mau agouro?
Por teu berreiro amargo já não durmo.

Criada
Pra Hécuba trago essa dor; na derrocada,
não é banal pros mortais uma boca bendizer.

Coro
665 Pois ó, ei-la que vem de dentro varando
a casa, aparece bem na hora de tua fala.

Criada
Ô toda-triste e, mais ainda do que declaro;

δέσποιν', ὄλωλας κοὐκέτ' εἶ, βλέπουσα φῶς,
ἄπαις ἄνανδρος ἄπολις ἐξεφθαρμένη.

Ἑκάβη
οὐ καινὸν εἶπας, εἰδόσιν δ' ὠνείδισας.
ἀτὰρ τί νεκρὸν τόνδε μοι Πολυξένης
ἥκεις κομίζουσ', ἧς ἀπηγγέλθη τάφος
πάντων Ἀχαιῶν διὰ χερὸς σπουδὴν ἔχειν;

Θεράπαινα
ἥδ' οὐδὲν οἶδεν, ἀλλά μοι Πολυξένην
θρηνεῖ, νέων δὲ πημάτων οὐχ ἅπτεται.

Ἑκάβη
οἲ 'γὼ τάλαινα· μῶν τὸ βακχεῖον κάρα
τῆς θεσπιῳδοῦ δεῦρο Κασάνδρας φέρεις;

Θεράπαινα
ζῶσαν λέλακας, τὸν θανόντα δ' οὐ στένεις
τόνδ'· ἀλλ' ἄθρησον σῶμα γυμνωθὲν νεκροῦ,
εἴ σοι φανεῖται θαῦμα καὶ παρ' ἐλπίδας.

Ἑκάβη
οἴμοι, βλέπω δὴ παῖδ' ἐμὸν τεθνηκότα,
Πολύδωρον, ὅν μοι Θρῂξ ἔσωζ' οἴκοις ἀνήρ.

senhora, não és mais; derruída, acabaste e ainda
vês a luz, sem filho, sem marido, nem cidade.

Hécuba

670 Eita, bem sei, remexes a ferida e nada novo dizes;
então, a que me vens trazendo de Polixena
o corpo? Dela o rito já não foi decretado
da mão diligente de todos os aqueus receber?

Criada

El'aí sabe de nada, pra mim, ó, pranteia
675 Polixena, nem lhe roçaram os novos baques.

Hécuba

Ô eu infeliz! Mas não é o rosto báquico de
Cassandra profetisa-vidente que trazes pra cá?! É?

Criada

'Stás chorando quem vive ainda e não este
morto aqui! O corpo nu d'um cadáver, mira bem;
680 quiçá, além do esperado, um mal assombro te aparece.

Hécuba

Mói-me! Vejo, sim, um filho meu morto,
Polidoro, que em casa o varão trácio, pra mim, asilava.

ἀπωλόμην δύστηνος, οὐκέτ' εἰμὶ δή.
ὦ τέκνον τέκνον,
αἰαῖ, κατάρχομαι γόων,
βακχεῖον ἐξ ἀλάστορος
ἀρτιμαθῆ νόμον.

Θεράπαινα
ἔγνως γὰρ ἄτην παιδός, ὦ δύστηνε σύ;

Ἑκάβη
ἄπιστ' ἄπιστα, καινὰ καινὰ δέρκομαι.
ἕτερα δ' ἀφ' ἑτέρων κακὰ κακῶν κυρεῖ·
οὐδέ ποτ' ἀστένακτος ἀδάκρυτος ἁ-
μέρα μ' ἐπισχήσει.

Χορός
δείν', ὦ τάλαινα, δεινὰ πάσχομεν κακά.

Ἑκάβη
ὦ τέκνον τέκνον ταλαίνας ματρός,
τίνι μόρῳ θνῄσκεις,
τίνι πότμῳ κεῖσαι;
πρὸς τίνος ἀνθρώπων;

Perdida, desterrada, nada sou.
Ô fruto, fruto meu,
685 aiai, preludio o *perpetuo moto*
báquico que dum demônio
vingador concebi.

Coro (edição de Collard)
Ciente estás do desvario do teu filho, infeliz?

Hécuba
Arreda! Arreda, aberração que vejo, aberração.
690 Ess'outro mal agora sobre os outros impera!
Nunca mais um dia sem lágrimas e
sem gemido me há de pegar.

Coro
Pasmos, ô triste, pasmos brutais passamos!

Hécuba
Ô fruto, fruto de triste mãe,
695 em que sina acabas,
por qual fado dormes?
Por mão de qual criatura?

HÉCUBA

Θεράπαινα
οὐκ οἶδ'· ἐπ' ἀκταῖς νιν κυρῶ θαλασσίαις ...

Ἑκάβη
ἔκβλητον, ἢ πέσημα φοινίου δορός,
ἐν ψαμάθῳ λευρᾷ;

Θεράπαινα
πόντου νιν ἐξήνεγκε πελάγιος κλύδων.

Ἑκάβη
ὤμοι, αἰαῖ, ἔμαθον ἔνυπνον ὀμμάτων
ἐμῶν ὄψιν· οὔ με παρέβα
φάσμα μελανόπτερον, τὰν ἐσεῖδον ἀμφὶ σέ,
ὦ τέκνον, οὐκέτ' ὄντα Διὸς ἐν φάει.

Χορός
τίς γάρ νιν ἔκτειν'; οἶσθ' ὀνειρόφρων φράσαι;

Ἑκάβη
ἐμὸς ἐμὸς ξένος, Θρήκιος ἱππότας,
ἵν' ὁ γέρων πατὴρ ἔθετό νιν κρύψας.

Χορός
οἴμοι, τί λέξεις; χρυσὸν ὡς ἔχοι κτανών;

Criada

Sei não... junto às orilhas de mar encontrei-o...

Hécuba

Jogado, caído por crime de ferro,
700 no raso da areia?

Criada

D'maralto a rebentação das ondas o carreou.

Hécuba

Mói-me, ai!, o sonho aí'stá, cumpriu-se,
a visão dos olhos meus *que não sai de mim*,
705 assomo *negralado* que cerca de ti eu vi,
ô fruto, ao clarão de Zeus não és mais nada...

Coro

Então, quem foi que o matou? Vidente, sabes dizer...

Hécuba

710 O meu hóspede, o meu... O cavaleiro trácio;
foi lá, escondido, que o velho o abrigou.

Coro

Mói-me, ai! Que dizes? Morto pra o outro o ouro ter?

Ἑκάβη
ἄρρητ' ἀνωνόμαστα, θαυμάτων πέρα,
οὐχ ὅσι' οὐδ' ἀνεκτά. ποῦ δίκα ξένων;
ὦ κατάρατ' ἀνδρῶν, ὡς διεμοιράσω
χρόα, σιδαρέῳ τεμὼν φασγάνῳ
μέλεα τοῦδε παιδὸς οὐδ' ᾤκτισας.

Χορός
ὦ τλῆμον, ὥς σε πολυπονωτάτην βροτῶν
δαίμων ἔθηκεν ὅστις ἐστί σοι βαρύς.
ἀλλ' εἰσορῶ γὰρ τοῦδε δεσπότου δέμας
Ἀγαμέμνονος, τοὐνθένδε σιγῶμεν, φίλαι.

Ἀγαμέμνων
Ἑκάβη, τί μέλλεις παῖδα σὴν κρύπτειν τάφῳ
ἐλθοῦσ', ἐφ' οἷσπερ Ταλθύβιος ἤγγειλέ μοι
μὴ θιγγάνειν σῆς μηδέν' Ἀργείων κόρης;
ἡμεῖς μὲν οὖν εἰῶμεν οὐδ' ἐψαύομεν·
σὺ δὲ σχολάζεις, ὥστε θαυμάζειν ἐμέ.
ἥκω δ' ἀποστελῶν σε· τἀκεῖθεν γὰρ εὖ
πεπραγμέν' ἐστίν — εἴ τι τῶνδ' ἐστὶν καλῶς.
ἔα· τίν' ἄνδρα τόνδ' ἐπὶ σκηναῖς ὁρῶ
θανόντα Τρώων; οὐ γὰρ Ἀργεῖον πέπλοι
δέμας περιπτύσσοντες ἀγγέλλουσί μοι.

Hécuba

Infamação sem nome, *muito além da taprobana*,
715 ímpia, insana. O protocolo anfitrião, quede?
Escória de machos, ô, como foi, hã? Ulceraste
a pele, a golpe de espada férrea,
720 e nem cuidaste dos pedaços do rapaz.

Coro

Desfeliz, um encosto pesado sobre ti te fez
a mais *moralquebrada* das morrentes.
Mas *regardo* já, queridas, o vulto do déspota
725 Agamenão; d'agora então, ei, silentes!

Agamêmnon

Hécuba, avante! Por que empacas no guardar a filha
na tumba, quando Taltíbio, por mim, nunciou:
"Que na donzela não encoste argivo algum!"?
Nós mesmos, pois, anuímos e não tocamos!
730 E tu procrastinas de modo a espantar-me.
Vim pra te despachar; pois d'ali, tudo
bem arranjado está – se deles um bom arranjo há.
Quê! Um varão, este aí, junto às tendas vejo
morto, é dos troianos? É porque de argivo
735 a veste que cobre o corpo não me parece ser.

Ἑκάβη
δύστην', ἐμαυτὴν γὰρ λέγω λέγουσα σέ,
Ἑκάβη, τί δράσω; πότερα προσπέσω γόνυ
Ἀγαμέμνονος τοῦδ' ἢ φέρω σιγῇ κακά;

Ἀγαμέμνων
τί μοι προσώπῳ νῶτον ἐγκλίνασα σὸν
δύρῃ, τὸ πραχθὲν δ' οὐ λέγεις; — τίς ἔσθ' ὅδε;

Ἑκάβη
ἀλλ', εἴ με δούλην πολεμίαν θ' ἡγούμενος
γονάτων ἀπώσαιτ', ἄλγος ἂν προσθείμεθ' ἄν.

Ἀγαμέμνων
οὔτοι πέφυκα μάντις, ὥστε μὴ κλύων
ἐξιστορῆσαι σῶν ὁδὸν βουλευμάτων.

Ἑκάβη
ἆρ' ἐκλογίζομαί γε πρὸς τὸ δυσμενὲς
μᾶλλον φρένας τοῦδ', ὄντος οὐχὶ δυσμενοῦς;

Ἀγαμέμνων
εἴ τοί με βούλῃ τῶνδε μηδὲν εἰδέναι,
ἐς ταὐτὸν ἥκεις· καὶ γὰρ οὐδ' ἐγὼ κλύειν.

Hécuba
Infeliz, sim, digo-te dizendo só de mim,
Hécuba, que farei? De duas, qual: aos joelhos
de Agamenão me prostro? Silente *malsigo*?

Agamêmnon
Por que derreias? De costas viradas pra minha
740 cara, gemes e não contas o sucedido? – Este; quem é?

Hécuba
E se me tomas por serva e rebelde, podes mesmo
dos joelhos me rechaçar e dor com dor se somar.

Agamêmnon
Necas de adivinho sou pra, sem nada ouvir,
desvendar o rumo dos teus intentos.

Hécuba
745 Ara, sobrestimo demais o ódio no
peito deste, quando odioso de fato ele não é?

Agamêmnon
Se, ó, disto não me queres nada dar a saber,
dá no mesmo, eu também não quero ouvir.

HÉCUBA

Ἑκάβη
οὐκ ἂν δυναίμην τοῦδε τιμωρεῖν ἄτερ
τέκνοισι τοῖς ἐμοῖσι. τί στρέφω τάδε;
τολμᾶν ἀνάγκη, κἂν τύχω κἂν μὴ τύχω.
— Ἀγάμεμνον, ἱκετεύω σε τῶνδε γουνάτων
καὶ σοῦ γενείου δεξιᾶς τ' εὐδαίμονος ...

Ἀγαμέμνων
τί χρῆμα μαστεύουσα; μῶν ἐλεύθερον
αἰῶνα θέσθαι; ῥᾴδιον γάρ ἐστί σοι.

Ἑκάβη
οὐ δῆτα· τοὺς κακοὺς δὲ τιμωρουμένη
αἰῶνα τὸν σύμπαντα δουλεύειν θέλω.

Ἀγαμέμνων
καὶ δὴ τίν' ἡμᾶς εἰς ἐπάρκεσιν καλεῖς;

Ἑκάβη
οὐδέν τι τούτων ὧν σὺ δοξάζεις, ἄναξ.
— ὁρᾷς νεκρὸν τόνδ', οὗ καταστάζω δάκρυ;

Ἀγαμέμνων
ὁρῶ· τὸ μέντοι μέλλον οὐκ ἔχω μαθεῖν.

Hécuba

Não poderia, sem este aí, *vindica* tirar
750 pra minha prole. Pra onde me viro?
Carece ousar seja pra ter, seja pra perder.
– Agamenão, peço-te ante teus joelhos e
tua fronte; por tua reputada destra.

Agamêmnon

Êh, que coisa buscas? Que vida livre lhe seja
755 acaso concedida? Isso é cômodo pra ti.

Hécuba

De modo algum! Seja eu contra os maus vingada,
e pra sempre em tudo a servir me disponho.

Agamêmnon

E então? Pra que auxílio apelas a nós?

Hécuba

Por nada disso que pensas, meu soberano.
760 Vês o corpo aqui pelo qual dessoro em pranto?

Agamêmnon

Vejo, mas não posso atinar o lance.

Ἑκάβη
τοῦτόν ποτ' ἔτεκον κἄφερον ζώνης ὕπο.

Ἀγαμέμνων
ἔστιν δὲ τίς σῶν οὗτος, ὦ τλῆμον, τέκνων;

Ἑκάβη
οὐ τῶν θανόντων Πριαμιδῶν ὑπ' Ἰλίῳ.

Ἀγαμέμνων
ἦ γάρ τιν' ἄλλον ἔτεκες ἢ κείνους, γύναι;

Ἑκάβη
ἀνόνητά γ', ὡς ἔοικε, τόνδ' ὃν εἰσορᾷς.

Ἀγαμέμνων
ποῦ δ' ὢν ἐτύγχαν', ἡνίκ' ὤλλυτο πτόλις;

Ἑκάβη
πατήρ νιν ἐξέπεμψεν ὀρρωδῶν θανεῖν.

Ἀγαμέμνων
ποῖ τῶν τότ' ὄντων χωρίσας τέκνων μόνον;

Hécuba
Este é um dos que pari e carreguei nos quadris.

Agamêmnon
Mas este, malditosa, é um dos teus filhos?!

Hécuba
É dos Priâmidas, mas não dos mortos em Ílion.

Agamêmnon
765   Outro, além daqueles, acaso pariste, mulher?

Hécuba
Uma insensatez o que aí contemplas, como vês.

Agamêmnon
No que caía a vila, por onde deu dele estar?

Hécuba
O pai o foragiu, temendo ele morrer.

Agamêmnon
Dos filhos que tinha, extremou só um… Pra onde?

Ἑκάβη
ἐς τήνδε χώραν, οὗπερ ηὑρέθη θανών.

Ἀγαμέμνων
πρὸς ἄνδρ' ὃς ἄρχει τῆσδε Πολυμήστωρ χθονός;

Ἑκάβη
ἐνταῦθ' ἐπέμφθη πικροτάτου χρυσοῦ φύλαξ.

Ἀγαμέμνων
θνῄσκει δὲ πρὸς τοῦ καὶ τίνος πότμου τυχών;

Ἑκάβη
τίνος γ' ὑπ' ἄλλου; Θρῄξ νιν ὤλεσε ξένος.

Ἀγαμέμνων
ὦ τλῆμον· ἦ που χρυσὸν ἠράσθη λαβεῖν;

Ἑκάβη
τοιαῦτ', ἐπειδὴ συμφορὰν ἔγνω Φρυγῶν.

Ἀγαμέμνων
ηὗρες δὲ ποῦ νιν; ἢ τίς ἤνεγκεν νεκρόν;

Hécuba
770 Cá pr'este rincão e, aqui, morto ele foi achado.

Agamêmnon
Pra este varão, o Poliméstor, que esta terra rege?

Hécuba
Pra cá... guardião enviado de amaríssimo ouro.

Agamêmnon
Morreu por quê? Que fado o atingiu?

Hécuba
O trácio, quem mais? O forâneo o abateu.

Agamêmnon
775 Bandido! Decerto ardeu por filar o ouro.

Hécuba
Isto sim, ao saber da esborralha dos frígios.

Agamêmnon
E o encontraste ou alguém te trouxe o corpo?

Ἑκάβη
ἥδ', ἐντυχοῦσα ποντίας ἀκτῆς ἔπι.

Ἀγαμέμνων
τοῦτον ματεύουσ' ἢ πονοῦσ' ἄλλον πόνον;

Ἑκάβη
λούτρ' ᾤχετ' οἴσουσ' ἐξ ἁλὸς Πολυξένῃ.

Ἀγαμέμνων
κτανών νιν, ὡς ἔοικεν, ἐκβάλλει ξένος.

Ἑκάβη
θαλασσόπλαγκτόν γ', ὧδε διατεμὼν χρόα.

Ἀγαμέμνων
ὦ σχετλία σὺ τῶν ἀμετρήτων πόνων.

Ἑκάβη
ὄλωλα κοὐδὲν λοιπόν, Ἀγάμεμνον, κακῶν.

Ἀγαμέμνων
φεῦ φεῦ· τίς οὕτω δυστυχὴς ἔφυ γυνή;

Hécuba

Foi esta'í que deu com ele, nas beiras do mar.

Agamêmnon

Em busca dele ou labutava em outro labor?

Hécuba

780 Trazia água do salgado mar pra lavar Polixena.

Agamêmnon

Parece que o rafeiro, ao matar, o desovou.

Hécuba

Vagavante, retalhado na virtude do ferro.

Agamêmnon

Ô tu, padecente de desmedidas dores!

Hécuba

De horrores nada me resta, Agamenão, acabei-me.

Agamêmnon

785 Fel meu! Que mulher pariu assim tão desgraçada?

HÉCUBA

Ἑκάβη
οὐκ ἔστιν, εἰ μὴ τὴν Τύχην αὐτὴν λέγοις.
ἀλλ' ὧνπερ οὕνεκ' ἀμφὶ σὸν πίπτω γόνυ
ἄκουσον. εἰ μὲν ὅσιά σοι παθεῖν δοκῶ,
στέργοιμ' ἄν· εἰ δὲ τοὔμπαλιν, σύ μοι γενοῦ
τιμωρὸς ἀνδρός, ἀνοσιωτάτου ξένου,
ὃς οὔτε τοὺς γῆς νέρθεν οὔτε τοὺς ἄνω
δείσας δέδρακεν ἔργον ἀνοσιώτατον,
κοινῆς τραπέζης πολλάκις τυχὼν ἐμοί,
ξενίας τ' ἀριθμῷ πρῶτ' ἔχων ἐμῶν φίλων,
τυχὼν δ' ὅσων δεῖ —. καὶ λαβὼν προμηθίαν
ἔκτεινε· τύμβου δ', εἰ κτανεῖν ἐβούλετο,
οὐκ ἠξίωσεν, ἀλλ' ἀφῆκε πόντιον.
ἡμεῖς μὲν οὖν δοῦλοί τε κἀσθενεῖς ἴσως·
ἀλλ' οἱ θεοὶ σθένουσι χὠ κείνων κρατῶν
Νόμος· νόμῳ γὰρ τοὺς θεοὺς ἡγούμεθα
καὶ ζῶμεν ἄδικα καὶ δίκαι' ὡρισμένοι·
ὃς ἐς σ' ἀνελθὼν εἰ διαφθαρήσεται,
καὶ μὴ δίκην δώσουσιν οἵτινες ξένους
κτείνουσιν ἢ θεῶν ἱερὰ τολμῶσιν φέρειν,
οὐκ ἔστιν οὐδὲν τῶν ἐν ἀνθρώποις ἴσον.
ταῦτ' οὖν ἐν αἰσχρῷ θέμενος αἰδέσθητί με·
οἴκτιρον ἡμᾶς, ὡς †γραφεύς† τ' ἀποσταθεὶς
ἰδοῦ με κἀνάθρησον οἷ' ἔχω κακά.
τύραννος ἦ ποτ', ἀλλὰ νῦν δούλη σέθεν,

Hécuba

Tem nenhuma não, a menos que da Desgraça em pessoa fales.
Então, escuta por que descaio em roda dos joelhos
teus. Se, acaso, te pareço impolutas coisas sofrer,
aquiesço, mas se o diverso se deu, dá-me tu
790 vingança contr'o mais poluto varão anfitrião,
o que não temeu nem os da terra abaixo nem os
do céu acima e polutíssimo ato perpetrou, ele
que ceias e ceias incontáveis vezes comigo congraçou
e *meremerências* teve, qual primaz no rol dos meus
795 amigos – congraçando-se quanto quis. Aí, crivado
de fidúcia, matou! Lápide, se matar cobiçava,
dispensou; antes, alto-mar em fora, remessou.
Nós deveras somos, na mesma, validos desvalidos!
Mas inda valem os deuses e a que *sobremanda*
800 mais, a Lei-mor! Pela Lei-mor vamos aos deuses,
sim, e, distratos e tratos, peneirando, vivemos!
Mas se ela, ante ti hasteada, cair arriada, e não
prestarem conta os que trucidam hóspedes ou
se atrevem a usurpar o consagrado aos deuses, aí,
805 retidão, nas coisas dos homens, nenhuma não há.
Taxa, pois, como torpe tais coisas, dá-me sanção!
Tem dó de nós, espia-me; qual pintor põe-te
à distância: eis-me, repara quanta *dolor* carrego.
A déspota de antes que ora é borralho teu,

εὔπαις ποτ' οὖσα, νῦν δὲ γραῦς ἄπαις θ' ἅμα,
ἄπολις ἔρημος, ἀθλιωτάτη βροτῶν ...
οἴμοι τάλαινα, ποῖ μ' ὑπεξάγεις πόδα;
ἔοικα πράζειν οὐδέν· ὦ τάλαιν' ἐγώ.
τί δῆτα θνητοὶ τἄλλα μὲν μαθήματα
μοχθοῦμεν ὡς χρὴ πάντα καὶ ματεύομεν,
Πειθὼ δὲ τὴν τύραννον ἀνθρώποις μόνην
οὐδέν τι μᾶλλον ἐς τέλος σπουδάζομεν
μισθοὺς διδόντες μανθάνειν, ἵν' ἦν ποτε
πείθειν ἅ τις βούλοιτο τυγχάνειν θ' ἅμα;
πῶς οὖν ἔτ' ἄν τις ἐλπίσαι πράζειν καλῶς;
οἱ μὲν γὰρ ὄντες παῖδες οὐκέτ' εἰσί μοι,
αὕτη δ' ἐπ' αἰσχροῖς αἰχμάλωτος. οἴχομαι·
καπνὸν δὲ πόλεως τόνδ' ὑπερθρῴσκονθ' ὁρῶ.
καὶ μήν — ἴσως μὲν τοῦ λόγου κενὸν τόδε,
Κύπριν προβάλλειν· ἀλλ' ὅμως εἰρήσεται·
πρὸς σοῖσι πλευροῖς παῖς ἐμὴ κοιμίζεται
ἡ φοιβάς, ἣν καλοῦσι Κασάνδραν Φρύγες.
ποῦ τὰς φίλας δῆτ' εὐφρόνας δείξεις, ἄναξ,
ἢ τῶν ἐν εὐνῇ φιλτάτων ἀσπασμάτων
χάριν τίν' ἕξει παῖς ἐμή, κείνης δ' ἐγώ;
ἐκ τοῦ σκότου τε τῶν τε νυκτερησίων
φίλτρων μεγίστη γίγνεται βροτοῖς χάρις.
ἄκουε δή νυν· τὸν θανόντα τόνδ' ὁρᾷς;
τοῦτον καλῶς δρῶν ὄντα κηδεστὴν σέθεν

810 a antes bem fornida de crias e, ora, refugo estéril,
despatriada e só, a impotentíssima dos morituros...
Ô tribulada eu, te vais de mim por onde,
co'este pé?! Vejo nada abalar! Ô eu, tribulada!
Com qu'então os mortais, por um saber qualquer,
815 cá, pelejamos, e tudo que carece aprendemos,
mas lá, ao fim, só mesmo Lábia rainha entre as
gentes é; ind'assim, em nada nos apressamos por
maiores pagas dar pra aprender o modo de
Lábia ter, e, de vez, as coisas desejadas lograr!
820 Como então se pode aspirar um agir bem?
Afora os filhos pra mim havidos que mais não
existem e esta cá presa nas vilezas do chucho.
Sigo! A fuligem, essa da vila, refugo e encaro.
E decerto – antes este oco de palavra aqui,
825 Cípris, apelar! –, contudo, me pronunciarei!
Aconchega-se, nas tuas costas, a minha filha,
a vidente, a que chamam Cassandra os frígios.
Pois como provarás dos serões de amor, general,
ou dos ardentíssimos beijos nos lençóis?
830 Que graça terá minha menina e eu por ela?
Do breu e também das noitadas encantadas
nasce pros mortais a graça maior.
Escuta, então, agora: vês o morto, este?
A ele bem fazendo, a um que é cunhado

δράσεις. ἑνός μοι μῦθος ἐνδεὴς ἔτι.
εἴ μοι γένοιτο φθόγγος ἐν βραχίοσι
καὶ χερσὶ καὶ κόμαισι καὶ ποδῶν βάσει
ἢ Δαιδάλου τέχναισιν ἢ θεῶν τινος,
ὡς πάνθ' ὁμαρτῇ σῶν ἔχοιντο γουνάτων
κλαίοντ', ἐπισκήπτοντα παντοίους λόγους.
ὦ δέσποτ', ὦ μέγιστον Ἕλλησιν φάος,
πιθοῦ, παράσχες χεῖρα τῇ πρεσβύτιδι
τιμωρόν, εἰ καὶ μηδέν ἐστιν, ἀλλ' ὅμως.
ἐσθλοῦ γὰρ ἀνδρὸς τῇ δίκῃ θ' ὑπηρετεῖν
καὶ τοὺς κακοὺς δρᾶν πανταχοῦ κακῶς ἀεί.

Χορός
δεινόν γε, θνητοῖς ὡς ἅπαντα συμπίτνει,
καὶ τὰς ἀνάγκας οἱ νόμοι διώρισαν,
φίλους τιθέντες τούς γε πολεμιωτάτους
ἐχθρούς τε τοὺς πρὶν εὐμενεῖς ποιούμενοι.

Ἀγαμέμνων
ἐγὼ σὲ καὶ σὸν παῖδα καὶ τύχας σέθεν,
Ἑκάβη, δι' οἴκτου χεῖρά θ' ἱκεσίαν ἔχω,
καὶ βούλομαι θεῶν θ' οὕνεκ' ἀνόσιον ξένον
καὶ τοῦ δικαίου τήνδε σοι δοῦναι δίκην
εἴ πως φανείη γ' ὥστε σοί τ' ἔχειν καλῶς,
στρατῷ τε μὴ δόξαιμι Κασάνδρας χάριν

835 teu farás. Um dito omisso me é ainda. Ah...
Se som me brotasse dos braços, das mãos,
das melenas, das solas dos pés e, por arte-e
-manha de Dédalo ou de um deus qualquer,
e com todos, duma só vez, teus joelhos preasse
840 clamando, ferindo com gritos de todo tipo.
Ó comandante, ó luz máxima dos helenos,
cede-concede à minha velhice mão de desforra,
que seja por um nada, fá-lo ind'assim.
É do homem supremo na justeza comandar e,
845 aos vis, a vileza por tudo e a cada coisa sempre dar.

Coro
Dá medo ver: entre mortais, tudo se verga,
por força-mor as leis coagem, reviram
tudo: mudam-se os aliados em inimigos cabais
e dos antes odiados brotam amigos graciados.

Agamêmnon
850 Eu te guardo e teu filho e mais sorte tua,
Hécuba; dada tua lástima e mão súplice,
tenciono, sim – pelos deuses e pelo costume –,
ao nefasto hospedeiro, por ti, o castigo dar, se,
d'algum modo, parecesse bem pra ti – mas pra
855 armada não –, d'alguma forma, ser por Cassandra

Θρήκης ἄνακτι τόνδε βουλεῦσαι φόνον.
ἔστιν γὰρ ᾗ ταραγμὸς ἐμπέπτωκέ μοι·
— Τὸν ἄνδρα τοῦτον φίλιον ἡγεῖται στρατός,
τὸν κατθανόντα δ' ἐχθρόν· εἰ δὲ σοὶ φίλος
ὅδ' ἐστί, χωρὶς τοῦτο κοὐ κοινὸν στρατῷ. —
πρὸς ταῦτα φρόντιζ'· ὡς θέλοντα μέν μ' ἔχεις
σοὶ ξυμπονῆσαι καὶ ταχὺν προσαρκέσαι,
βραδὺν δ', Ἀχαιοῖς εἰ διαβληθήσομαι.

Ἑκάβη
φεῦ.
οὐκ ἔστι θνητῶν ὅστις ἔστ' ἐλεύθερο·
ἢ χρημάτων γὰρ δοῦλός ἐστιν ἢ τύχης,
ἢ πλῆθος αὐτὸν πόλεος ἢ νόμων γραφαὶ
εἴργουσι χρῆσθαι μὴ κατὰ γνώμην τρόποις.
ἐπεὶ δὲ ταρβεῖς τῷ τ' ὄχλῳ πλέον νέμεις,
ἐγώ σε θήσω τοῦδ' ἐλεύθερον φόβου.
σύνισθι μὲν γάρ, ἤν τι βουλεύσω κακὸν
τῷ τόνδ' ἀποκτείναντι, συνδράσῃς δὲ μή.
ἢν δ' ἐξ Ἀχαιῶν θόρυβος ἢ 'πικουρία
πάσχοντος ἀνδρὸς Θρηκὸς οἷα πείσεται
φανῇ τις, εἶργε μὴ δοκῶν ἐμὴν χάριν.
τὰ δ' ἄλλα — θάρσει — πάντ' ἐγὼ θήσω καλῶς.

eu deliberar este extermínio do chefe trácio.
Só que algo atarantado há, que recai sobre mim:
o varão, o tal, a armada benquisto considera,
e o defunto, odiento. E se, por ti, benquisto
860 este aí é, isso vai ao largo e não tange à armada.
Portanto, reflete que me tens desejoso de
contigo colaborar e rápido auxílio dar; tardo serei,
porém, se houver de ser pelos aqueus difamado.

Hécuba
Fel!
Não há entre os mortais um só que livre seja!
865 Ou se é servo do ouro ou do acaso se o é, e o
povo da vila ou as letras da lei coagem-no
a não ceder aos modos do seu próprio saber.
Então, porque prezas muito a tropa e de fato
temes, eu mesma te farei livre deste medo aí.
870 Vê bem, se acaso um dano eu tramar contra o
que a este exterminou, não queiras comigo agir.
Se acaso vier dos aqueus um tumulto, ou um
socorro chegar ao Trácio varão padecente (que
muito padecerá), sem favor a mim mostrar, coage.
875 O resto – confia – eu trato de tudo direito arranjar.

Ἀγαμέμνων
πῶς οὖν; τί δράσεις; πότερα φάσγανον χερὶ
λαβοῦσα γραίᾳ φῶτα βάρβαρον κτενεῖς,
ἢ φαρμάκοισιν ἢ 'πικουρίᾳ τινί;
τίς σοι ξυνέσται χείρ; πόθεν κτήσῃ φίλους;

Ἑκάβη
στέγαι κεκεύθασ' αἵδε Τρῳάδων ὄχλον.

Ἀγαμέμνων
τὰς αἰχμαλώτους εἶπας, Ἑλλήνων ἄγραν;

Ἑκάβη
σὺν ταῖσδε τὸν ἐμὸν φονέα τιμωρήσομαι.

Ἀγαμέμνων
καὶ πῶς γυναιξὶν ἀρσένων ἔσται κράτος;

Ἑκάβη
δεινὸν τὸ πλῆθος σὺν δόλῳ τε δύσμαχον.

Ἀγαμέμνων
Δεινόν· τὸ μέντοι θῆλυ μέμφομαι γένος.

Agamêmnon
Como então? Que farás? Pegarás espada com
mão alquebrada e o tipo bárbaro liquidarás?
Ou com beberagens ou co'alguma assistência?
Que mão te acudirá? De onde conseguirás aliados?

Hécuba
880 Ali tem um mundo escuso de troianas nas tendas.

Agamêmnon
Das acossadas, dizes, da captura dos helenos?

Hécuba
Com elas vou tirar vindita do carniceiro, o meu.

Agamêmnon
E como, contra machos, haverá firmeza nas mulheres?

Hécuba
Trasgo, o coletivo pode muito, e, com dolo, invicto fica.

Agamêmnon
885 Trasgo! Mas desdenho *mermo* a raça mulheril.

HÉCUBA

Ἑκάβη
τί δ'; οὐ γυναῖκες εἷλον Αἰγύπτου τέκνα
καὶ Λῆμνον ἄρδην ἀρσένων ἐξῴκισαν;
ἀλλ' ὣς γενέσθω· τόνδε μὲν μέθες λόγον,
πέμψον δέ μοι τήνδ' ἀσφαλῶς διὰ στρατοῦ
γυναῖκα. — καὶ σὺ Θρῃκὶ πλαθεῖσα ξένῳ
λέξον· Καλεῖ σ' ἄνασσα δή ποτ' Ἰλίου
Ἑκάβη, σὸν οὐκ ἔλασσον ἢ κείνης χρέος,
καὶ παῖδας· ὡς δεῖ καὶ τέκν' εἰδέναι λόγους
τοὺς ἐξ ἐκείνης. — τὸν δὲ τῆς νεοσφαγοῦς
Πολυξένης ἐπίσχες, Ἀγάμεμνον, τάφον,
ὡς τώδ' ἀδελφὼ πλησίον μιᾷ φλογί,
δισσὴ μέριμνα μητρί, κρυφθῆτον χθονί.

Ἀγαμέμνων
ἔσται τάδ' οὕτω· καὶ γὰρ εἰ μὲν ἦν στρατῷ
πλοῦς, οὐκ ἂν εἶχον τήνδε σοι δοῦναι χάριν·
νῦν δ', οὐ γὰρ ἵησ' οὐρίους πνοὰς θεός,
μένειν ἀνάγκη πλοῦν ὁρῶντ' ἐς ἥσυχον.
γένοιτο δ' εὖ πως· πᾶσι γὰρ κοινὸν τόδε,
ἰδίᾳ θ' ἑκάστῳ καὶ πόλει, τὸν μὲν κακὸν
κακόν τι πάσχειν, τὸν δὲ χρηστὸν εὐτυχεῖν.

Χορός
σὺ μέν, ὦ πατρὶς Ἰλιάς,

Hécuba

Qual quê?! Não foram mulheres que acuaram a
prole de Egito e varreram os machos de Lemnos?
Ora, ora, que seja assim: larga mão dessa história,
dá-me salvo-conduto pra esta mulher varar a
890 tropa. – E tu, ó, no que chegas junto do ilharga
trácio, diz: "A dinasta dantes, Hécuba de Troia,
te chama, e não é menos bom pra ti que pra ela e
mais pros meninos! Carece a prole saber os ditos
dela." – E do mortório da de há pouco degolada,
895 Polixena, tu, Agamenão, retém o rito,
modos que, num só fogo, ambos, os irmãos, c'os
dobrados prantos da mãe, no chão anichados sejam.

Agamêmnon

Que seja assim; à justa, se zarpada viável pra
frota houvesse, dar-te este obséquio não poderia!
900 Agora, posto que deus não manda vento franco,
urge ficar *de boaça*, vigiando o *vento salvante*.
Tanto faz, que seja pra bem! Pra todos é consenso
isto aí, pra vila e pra cada um: ao medonho,
o medonho sofrer, ao valoroso, garboso vencer.

Coro

905 Agora sim, tu, ó pátria-Ílion,

HÉCUBA

τῶν ἀπορθήτων πόλις οὐκέτι λέξῃ·
τοῖον Ἑλλάνων νέφος ἀμφί σε κρύπτει
δορὶ δὴ δορὶ πέρσαν.
ἀπὸ δὲ στεφάναν κέκαρ-
σαι πύργων, κατὰ δ' αἰθάλου
κηλῖδ' οἰκτροτάταν κέχρω-
σαι· τάλαιν',
οὐκέτι σ' ἐμβατεύσω.

μεσονύκτιος ὠλλύμαν,
ἦμος ἐκ δείπνων ὕπνος ἡδὺς ἐπ' ὄσσοις
σκίδναται, μολπᾶν δ' ἄπο καὶ χοροποιῶν
θυσιᾶν καταλύσας
πόσις ἐν θαλάμοις ἔκει-
το, ξυστὸν δ' ἐπὶ πασσάλῳ,
ναύταν οὐκέθ' ὁρῶν ὅμι-
λον Τροίαν
Ἰλιάδ' ἐμβεβῶτα.

ἐγὼ δὲ πλόκαμον ἀναδέτοις
μίτραισιν ἐρρυθμιζόμαν
χρυσέων ἐνόπτρων λεύσ-
σουσ' ἀτέρμονας εἰς αὐγάς,
ἐπιδέμνιος ὡς πέσοιμ' ἐς εὐνάν.
ἀνὰ δὲ κέλαδος ἔμολε πόλιν·

não chamarás Vila Escudada mais;
nevoeiro de gregos, em roda, te cobre,
à lança violada: gorguz por gorguz.
910 Arre que te arrebataram a coroa
de torres e de alto a baixo te borra
a fuligem infame luctis-
soníssima! Triste,
nunca mais te galgarei.

Sucumbi em alta noite,
915 empós a ceia – no que o sono escala
doce os olhos – despois do canto, dança,
e rito; *deitado* em
berço esplêndido o esposo
920 quietou, lança ao gancho, é q'ele
não via mais metido em
Troia o bando marujo
Ílion adentro.

E eu, com laços-de-fita,
o cacheado trançava,
925 olhando pro lume potente
de espelhos d'ouro-puro,
pra, então, rolar cobertas pela cama.
Aí sus! Escarcéu na vila pendeu!

κέλευσμα δ' ἦν κατ' ἄστυ Τροίας τόδ'· Ὦ
παῖδες Ἑλλάνων, πότε δὴ πότε τὰν
Ἰλιάδα σκοπιὰν
πέρσαντες ἥξετ' οἴκους;

λέχη δὲ φίλια μονόπεπλος
λιποῦσα, Δωρὶς ὡς κόρα,
σεμνὰν προσίζουσ' οὐκ
ἤνυσ' Ἄρτεμιν ἁ τλάμων·
ἄγομαι δὲ θανόντ' ἰδοῦσ' ἀκοίταν
τὸν ἐμὸν ἅλιον ἐπὶ πέλαγος,
πόλιν τ' ἀποσκοποῦσ', ἐπεὶ
νόστιμον
ναῦς ἐκίνησεν πόδα καί μ' ἀπὸ γᾶς
ὥρισεν Ἰλιάδος·
τάλαιν', ἀπεῖπον ἄλγει,

τὰν τοῖν Διοσκούροιν Ἑλέναν κάσιν
Ἰδαῖόν τε βούταν
αἰνόπαριν κατάρᾳ
διδοῦσ', ἐπεί με γᾶς ἐκ
πατρῴας ἀπώλεσεν
ἐξῴκισέν τ' οἴκων γάμος, οὐ γάμος ἀλλ' ἀ-
λάστορός τις οἰζύς·

Parlendas'scorriam pela vila troiana,
esta aqui: "Ôrrô...
930   acaso, cadetes gregos, acaso enfim
seguireis, no desmonte
do mirante troiano, pra casa?"

Em roupa leve de moça dórica
dos lençóis de amor pulei fora
935   e, aos pés de santa Ártemis,
acocorada, a fruste, nada alcancei!
Baldeada fui – nos olhos meu comparte
morto – sobre o mar salgado,
fitando ao longe a vila, dês q'a nostálgica
940   fragata rumou leme e me apartou
da terra ilíada!
Fruste passei *além da dor...*

Por isso, dos Dióscuros, ambos, Helena *irmana*
e mais pro zagal
945   do Ida, *azaradoPáris,*
uma praga lanço eu, porque
aquelas *desbodadas* bodas
a casa derruíram e da pátria terra me baniram,
encosto baixo e malino!

ἂν μήτε πέλαγος ἅλιον ἀπαγάγοι πάλιν,
μήτε πα-
τρῷον ἵκοιτ' ἐς οἶκον.

Πολυμήστωρ
ὦ φίλτατ' ἀνδρῶν Πρίαμε, φιλτάτη δὲ σύ,
Ἑκάβη, δακρύω σ' εἰσορῶν πόλιν τε σὴν
τήν τ' ἀρτίως θανοῦσαν ἔκγονον σέθεν.
φεῦ·
οὐκ ἔστι πιστὸν οὐδέν, οὔτ' εὐδοξία
οὔτ' αὖ καλῶς πράσσοντα μὴ πράξειν κακῶς.
φύρουσι δ' αὐτοὶ θεοὶ πάλιν τε καὶ πρόσω
ταραγμὸν ἐντιθέντες, ὡς ἀγνωσίᾳ
σέβωμεν αὐτούς. ἀλλὰ ταῦτα μὲν τί δεῖ
θρηνεῖν, προκόπτοντ' οὐδὲν ἐς πρόσθεν κακῶν;
σὺ δ', εἴ τι μέμφῃ τῆς ἐμῆς ἀπουσίας,
σχές· τυγχάνω γὰρ ἐν μέσοις Θρῄκης ὅροις
ἀπών, ὅτ' ἦλθες δεῦρ'· ἐπεὶ δ' ἀφικόμην,
ἤδη πόδ' ἔξω δωμάτων αἴροντί μοι
ἐς ταὐτὸν ἥδε συμπίτνει δμωὶς σέθεν
λέγουσα μύθους, ὧν κλύων ἀφικόμην.

Ἑκάβη
αἰσχύνομαί σε προσβλέπειν ἐναντίον,
Πολυμῆστορ, ἐν τοιοῖσδε κειμένη κακοῖς.

950 Que não lhe vá o mar salgado de volta aportar,
    nem possa pra
    casa paterna arribar.

Poliméstor
Ô saudosíssimo varão Príamo e saudosíssima
também tu, Hécuba! Ao ver-te, pela tua vila e
955 por tua recente descendência, morta, choro.
Fel!
Fiel nada não há, nem ventura nem
desventura praticada que não cesse.
Os próprios deuses atrapalham e, intrometidos,
às brutas, baralham verso e reverso, pra que
960 a eles temamos. Mas carece por tais coisas
estrilar? Que virá, virá!
E tu, se alguma ausência minha reprochas,
sofreia-te! É que no recesso montês da Trácia
deu d'eu estar ao chegares aqui! Ao depois
965 parti, já botava fora o pé de casa e a mim
me alcançou est'aqui, serva tua, dizendo
um palavrório, que, logo empós ouvir, parti...

Hécuba
Empesta-me avistar-te cara a cara,
Poliméstor, por assim tão mal estar.

ὅτῳ γὰρ ὤφθην εὐτυχοῦσ', αἰδώς μ' ἔχει
ἐν τῷδε πότμῳ τυγχάνουσ' ἵν' εἰμὶ νῦν
κοὐκ ἂν δυναίμην προσβλέπειν ὀρθαῖς κόραις.
ἀλλ' αὐτὸ μὴ δύσνοιαν ἡγήσῃ σέθεν,
Πολυμῆστορ· ἄλλως δ' αἴτιόν τι καὶ νόμος,
γυναῖκας ἀνδρῶν μὴ βλέπειν ἐναντίον.

Πολυμήστωρ
καὶ θαῦμά γ' οὐδέν. ἀλλὰ τίς χρεία σ' ἐμοῦ;
τί χρῆμ' ἐπέμψω τὸν ἐμὸν ἐκ δόμων πόδα·

Ἑκάβη
ἴδιον ἐμαυτῆς δή τι πρὸς σὲ βούλομαι
καὶ παῖδας εἰπεῖν σούς· ὀπάονας δέ μοι
χωρὶς κέλευσον τῶνδ' ἀποστῆναι δόμων.

Πολυμήστωρ
χωρεῖτ'· ἐν ἀσφαλεῖ γὰρ ἥδ' ἐρημία.
φίλη μὲν εἶ σύ, προσφιλὲς δέ μοι τόδε
στράτευμ' Ἀχαιῶν. ἀλλὰ σημαίνειν σὲ χρῆν·
τί χρὴ τὸν εὖ πράσσοντα μὴ πράσσουσιν εὖ
φίλοις ἐπαρκεῖν; ὡς ἕτοιμός εἰμ' ἐγώ.

Ἑκάβη
πρῶτον μὲν εἰπὲ παῖδ' ὃν ἐξ ἐμῆς χερὸς

970   É qu'em fausto exibida fui; o brio me retém,
      pois em desdita cá cheguei, aqui estou e
      mais não posso, co'as pupilas, direto olhar.
      Só que isso não é desdém pra contigo,
      Poliméstor! Doutros modos, uso e motivo há:
975   mulheres não olham machos cara a cara.

Poliméstor
Abalo nenhum, qual! Que presto eu pra ti?
Por qual coisa me mandas o pé de casa tirar!

Hécuba
Um particular meu que quero pra ti e
pros meninos dizer, os teus! E longe da
980   minha barraca manda os sargentes ficar.

Poliméstor
Ide, vai! Este ermo aqui é seguro.
Pra mim, dileta és, e predileta é esta tropa
de aqueus aqui. Então carece tu me guiares!
O que deve um venturado fazer valer pra
985   um desventurado? Ora essa, eu pronto cá'stou.

Hécuba
Antes me diz se o menino, o que em casa tens,

Πολύδωρον ἔκ τε πατρὸς ἐν δόμοις ἔχεις,
εἰ ζῇ· τὰ δ' ἄλλα δεύτερόν σ' ἐρήσομαι.

Πολυμήστωρ
Μάλιστα· τοὐκείνου μὲν εὐτυχεῖς μέρος.

Ἑκάβη
ὦ φίλταθ', ὡς εὖ κἀξίως λέγεις σέθεν.

Πολυμήστωρ
τί δῆτα βούλῃ δεύτερον μαθεῖν ἐμοῦ;

Ἑκάβη
εἰ τῆς τεκούσης τῆσδε... μέμνηταί τί μου;

Πολυμήστωρ
καὶ δεῦρό γ' ὡς σὲ κρύφιος ἐζήτει μολεῖν.

Ἑκάβη
χρυσὸς δὲ σῶς ὃν ἦλθεν ἐκ Τροίας ἔχων;

Πολυμήστωρ
σῶς, ἐν δόμοις γε τοῖς ἐμοῖς φρουρούμενος.

por força do braço meu e do pai, o Polidoro,
vive? Secundando aí, falarei o resto, depois.

Poliméstor
Vivíssimo! Por parte dele, taí, és feliz.

Hécuba
990 Ô *sumamigo*! Dizes bem, próprio de ti!

Poliméstor
Secundando, que queres saber mais de mim?

Hécuba
Do colo-mãe, ele… se lembra um quê de mim?

Poliméstor
Tanto que tramava, pra cá, a ti, secreto vir.

Hécuba
E o ouro que tinha, o que levou de Troia, a salvo?

Poliméstor
995 Salvo em casa, eh, guardado comigo.

Ἑκάβη
σῶσόν νυν αὐτὸν μηδ' ἔρα τῶν πλησίον.

Πολυμήστωρ
ἥκιστ'· ὀναίμην τοῦ παρόντος, ὦ γύναι.

Ἑκάβη
οἶσθ' οὖν ἃ λέξαι σοί τε καὶ παισὶν θέλω;

Πολυμήστωρ
οὐκ οἶδα· τῷ σῷ τοῦτο σημανεῖς λόγῳ.

Ἑκάβη
ἔστ', ὦ φιληθεὶς ὡς σὺ νῦν ἐμοὶ φιλῇ —

Πολυμήστωρ
τί χρῆμ' ὃ κἀμὲ καὶ τέκν' εἰδέναι χρεών;

Ἑκάβη
χρυσοῦ παλαιαὶ Πριαμιδῶν κατώρυχες.

Πολυμήστωρ
ταῦτ' ἔσθ' ἃ βούλῃ παιδὶ σημῆναι σέθεν;

Hécuba
Salva bem ele e não vás, com ele perto, acostumar.

Poliméstor
Que é isso! Me basta o que tenho, ô mulher.

Hécuba
Sabes o que quero dizer pra ti e mais teus filhos?

Poliméstor
Sei não! Isso, com teu relato, nunciarás.

Hécuba
1000 Ah, ô querido, como és querido pra mim agora –

Poliméstor
Ques coisas devemos – eu e os filhos – saber?

Hécuba
Dumas velhas minas de ouro dos Priâmidas.

Poliméstor
Isto que queres relatar ao teu garoto?

HÉCUBA

Ἑκάβη
μάλιστα, διὰ σοῦ γ'· εἰ γὰρ εὐσεβὴς ἀνήρ.

Πολυμήστωρ
τί δῆτα τέκνων τῶνδε δεῖ παρουσίας;

Ἑκάβη
ἄμεινον, ἢν σὺ κατθάνῃς, τούσδ' εἰδέναι.

Πολυμήστωρ
καλῶς ἔλεξας· τῇδε καὶ σοφώτερον.

Ἑκάβη
οἶσθ' οὖν Ἀθάνας Ἰλίας ἵνα στέγαι;

Πολυμήστωρ
ἐνταῦθ' ὁ χρυσός ἐστι; σημεῖον δὲ τί;

Ἑκάβη
μέλαινα πέτρα γῆς ὑπερτέλλουσ' ἄνω.

Πολυμήστωρ
ἔτ' οὖν τι βούλῃ τῶν ἐκεῖ φράζειν ἐμοί;

Hécuba

Demais, e por mei'de ti! És de muita hombridade.

Poliméstor

1005 Mas quê! Carece os meninos presentes por quê?

Hécuba

Melhor pra eles saber; vai que tu morres.

Poliméstor

Pensaste bem! E de longe é mais prudente.

Hécuba

Sabes as bandas dos abrigos d'Atena Troa?

Poliméstor

Então há ouro lá? Alguma marca?

Hécuba

1010 Negra pedra erguida terra acima.

Poliméstor

Das bandas de lá, algo mais me queres dizer?

Ἑκάβη
σῶσαί σε χρήμαθ' οἷς συνεξῆλθον θέλω.

Πολυμήστωρ
ποῦ δῆτα; πέπλων ἐντὸς ἢ κρύψασ' ἔχεις;

Ἑκάβη
σκύλων ἐν ὄχλῳ ταῖσδε σῴζεται στέγαις.

Πολυμήστωρ
ποῦ δ'; αἵδ' Ἀχαιῶν ναύλοχοι περιπτυχαί.

Ἑκάβη
ἰδίᾳ γυναικῶν αἰχμαλωτίδων στέγαι.

Πολυμήστωρ
τἄνδον δὲ πιστὰ κἀρσένων ἐρημία;

Ἑκάβη
οὐδεὶς Ἀχαιῶν ἔνδον, ἀλλ' ἡμεῖς μόναι.
ἀλλ' ἕρπ' ἐς οἴκους· καὶ γὰρ Ἀργεῖοι νεῶν
λῦσαι ποθοῦσιν οἴκαδ' ἐκ Τροίας πόδα·
ὡς πάντα πράξας ὧν σε δεῖ στείχῃς πάλιν
ξὺν παισὶν οὗπερ τὸν ἐμὸν ᾤκισας γόνον.

Hécuba

Quero que guardes as coisas qu'eu trouxe pra cá.

Poliméstor

Quede elas? Trazes entre as vestes ou ocultas?

Hécuba

Guardadas nas barracas, na pilha do butim.

Poliméstor

1015   Mas onde? Este é o anteporto dos aqueus.

Hécuba

Nas cobertas, aqui, das mulheres vindimadas.

Poliméstor

É seguro lá dentro? Não tem machos?

Hécuba

Dos aqueus, dentro, nenhum, só mesmo nós.
Então avante, à casa! Ó qu'os argivos anseiam
1020   livrar de Troia o leme dos navios rumo à casa!
Tão logo pegues tudo de que careces, tu e os filhos,
parte pro rumo donde se aninha o fruto meu.

Χορός
οὔπω δέδωκας, ἀλλ' ἴσως δώσεις δίκην·
ἀλίμενόν τις ὡς εἰς ἄντλον πεσὼν
†λέχριος ἐκπεσῇ φίλας καρδίας,
ἀμέρσας βίοτον. τὸ γὰρ ὑπέγγυον
Δίκᾳ καὶ θεοῖσιν οὐ συμπίτνει·
ὀλέθριον ὀλέθριον κακόν.†
ψεύσει σ' ὁδοῦ τῆσδ' ἐλπὶς ἥ σ' ἐπήγαγεν
θανάσιμον πρὸς Ἅιδαν, ἰὼ τάλας·
ἀπολέμῳ δὲ χειρὶ λείψεις βίον.

Πολυμήστωρ
ἔσωθεν
ὤμοι, τυφλοῦμαι φέγγος ὀμμάτων τάλας.

Χορός
ἠκούσατ' ἀνδρὸς Θρῃκὸς οἰμωγήν, φίλαι;

Πολυμήστωρ
ὤμοι μάλ' αὖθις, τέκνα, δυστήνου σφαγῆς.

Χορός
φίλαι, πέπρακται καίν' ἔσω δόμων κακά.

Coro

Inda não deste paga, mas uma igual te há de ser dada!
1025 Tal qual quem desce pra buraco sem fundo,
ladeira abaixo, pelo roubo duma vida,
o anseio do peito golfarás. É que cumulaste
dívidas com os deuses e mais Santa Justa!
1030 Fatídico, fatídico val.
Indúcias te induziram, falsearam tua rota
rumo ao Hades fatal, ehô, coitado!
Por braço desarmado, a vida largarás.

Poliméstor

(na coxia)
1035 Ô eu, tenebroso perco o brilho da vista.

Coro

Ouvistes o grito do varão trácio, amigas?

Poliméstor

Ô eu tanto mais, uma prole, por um degolado abatido.

Coro

Amigas, embuste novo sucedeu lá dentro.

Πολυμήστωρ
ἀλλ' οὔτι μὴ φύγητε λαιψηρῷ ποδί·
βάλλων γὰρ οἴκων τῶνδ' ἀναρρήξω μυχούς.

Χορός
ἰδού, βαρείας χειρὸς ὁρμᾶται βέλος.
βούλεσθ' ἐπεσπέσωμεν; ὡς ἀκμὴ καλεῖ
Ἑκάβῃ παρεῖναι Τρῳάσιν τε συμμάχους.

Ἑκάβη
ἄρασσε, φείδου μηδέν, ἐκβάλλων πύλας·
οὐ γάρ ποτ' ὄμμα λαμπρὸν ἐνθήσεις κόραις,
οὐ παῖδας ὄψῃ ζῶντας οὓς ἔκτειν' ἐγώ.

Χορός
ἦ γὰρ καθεῖλες Θρῆκα, καὶ κρατεῖς, ξένον,
δέσποινα, καὶ δέδρακας οἷάπερ λέγεις;

Ἑκάβη
ὄψῃ νιν αὐτίκ' ὄντα δωμάτων πάρος
τυφλὸν τυφλῷ στείχοντα παραφόρῳ ποδί,
παίδων τε δισσῶν σώμαθ', οὓς ἔκτειν' ἐγὼ
σὺν ταῖς ἀρίσταις Τρῳάσιν· δίκην δέ μοι
δέδωκε. χωρεῖ δ', ὡς ὁρᾷς, ὅδ' ἐκ δόμων.
ἀλλ' ἐκποδὼν ἄπειμι κἀποστήσομαι

Poliméstor

Arre, que com pé fugaz não vos safareis!
1040   No que sacudo os pilares da casa aqui, sarrafo.

Coro

Olha! Dum braço bruto veio um torpedo.
Vamos cair em cima? A gritaria chama pra
irmos – conjuradas – acudir Hécuba e as troianas.

Hécuba

Sarrafa, vai! Poupa nada, vou pra fora!
1045   Não porás mais visão luminosa nas pupilas,
não verás mais os filhos, os que matei, vivos.

Coro

Ehê! Fisgaste mesmo o trácio, dona? Domaste
o gringo e praticaste tudo que nuncias?

Hécuba

Hás de ver, já, qu'ele está frente às tendas:
1050   um cego que avança com palmeante pé cego
e mais os que, co'essas heroicas troianas,
matei, os corpos dos filhos, dos dois. Dei paga
pra mim. Eis que desvaria, vês?, ó ele aí: da tenda sai.
Eu de fasto me vou, ao longe me ponho

θυμῷ ῥέοντι Θρῃκὶ δυσμαχωτάτῳ.

Πολυμήστωρ
ὤμοι ἐγώ, πᾷ βῶ,
πᾷ στῶ, πᾷ κέλσω;
τετράποδος βάσιν θηρὸς ὀρεστέρου
τιθέμενος ἐπί χειρα κατ' ἴχνος; ποίαν
ἢ ταύταν ἢ τάνδ' ἐξαλλάξω, τὰς
ἀνδροφόνους μάρψαι χρῄζων Ἰλιάδας,
αἵ με διώλεσαν;
τάλαιναι κόραι τάλαιναι Φρυγῶν,
ὦ κατάρατοι,
ποῖ καί με φυγᾷ πτώσσουσι μυχῶν;
εἴθε μοι ὀμμάτων αἱματόεν βλέφαρον
ἀκέσαι' ἀκέσαιο τυφλόν, Ἅλιε,
φέγγος ἐπαλλάξας.
ἆ ἆ,
σίγα· κρυπτὰν βάσιν αἰσθάνομαι
τάνδε γυναικῶν. πᾷ πόδ' ἐπάξας
σαρκῶν ὀστέων τ' ἐμπλησθῶ,
θοίναν ἀγρίων θηρῶν τιθέμενος,
ἀρνύμενος λώβαν
λύμας ἀντίποιν' ἐμᾶς; ὦ τάλας.
ποῖ πᾷ φέρομαι τέκν' ἔρημα λιπὼν
Βάκχαις Ἅιδου διαμοιρᾶσαι,

1055　do tufão trácio ferocíssimo ressumando.

Poliméstor
Ô eu, pr'onde me vou,
me desabo, me atiro,
onde? De quatro? Com passo de bicho
montês, posto sobre mãos e patas?
1060　Vou rabear por aqui ou pra lá,
hei de bocanhar as *troas mata-machos*
que me destruíram!
Malditas moças dos frígios, malditas!
1065　Machorras,
em qual buraco se meteram pra se safarem de mim?
Se podes, das vistas o olho em sangue
cura, cura, Sol-deus!
1070　Reacende a chama cega!
Ah ah,
schht! Sinto um passo surdo por aqui,
das mulheres'í. Pra onde jogo o pé pra
me empanturrar de carnes e ossos,
repasto temperado de bestas selvagens,
tirar vingança e
1075　troco de meu agravo? Ô tapa.
Pr'onde, onde me vou, ao largar só a prole
pra ser trucidada pelas *bacas* infernais,

σφακτά, κυσίν τε φοινίαν δαῖτ' ἀνή-
μερον τ' οὐρείαν ἐκβολάν;
πᾷ στῶ, πᾷ κάμψω, πᾷ βῶ,
ναῦς ὅπως ποντίοις πείσμασιν, λινόκροκον
φᾶρος στέλλων, ἐπὶ τάνδε συθεὶς
τέκνων ἐμῶν φύλαξ ὀλέθριον κοίταν;

Χορός
ὦ τλῆμον, ὥς σοι δύσφορ' εἴργασται κακά·
δράσαντι δ' αἰσχρὰ δεινὰ τἀπιτίμια.
δαίμων ἔδωκεν ὅστις ἐστί σοι βαρύς.

Πολυμήστωρ
αἰαῖ, ἰὼ Θρῄκης λογχοφόρον ἔνο-
πλον εὔιππον Ἄρει κάτοχον γένος.
ἰὼ Ἀχαιοί. — ἰὼ Ἀτρεῖδαι. — βοὰν βοὰν αὐτῶ, βοάν.
ὦ ἴτε· μόλετε πρὸς θεῶν.
κλύει τις ἢ οὐδεὶς ἀρκέσει; τί μέλλετε;
γυναῖκες ὤλεσάν με, γυναῖκες αἰχμαλωτίδες· δεινὰ
δεινὰ πεπόνθαμεν.
ὤμοι ἐμᾶς λώβας.
ποῖ τράπωμαι, ποῖ πορευθῶ;
ἀμπτάμενος οὐράνιον
ὑψιπετὲς ἐς μέλαθρον,
Ὠαρίων ἢ Σείριος ἔνθα πυρὸς φλογέας ἀφίη-

e estripada, pelas cachorras, num repasto
exangue e bruto jogado pelos montes?
1080 Me desabo, me vou, onde me escorno,
qual navio recolhido co'amarras de mar,
manto cingido ao corpo, sobranceio os
filhos meus, como vigia de berço fatal?

Coro
1085 Ô triste, eis que, sobre ti, lavrou-se inconsolável
manobra! Honrosos horrores a quem sordidez
obrou. É carocho que pesado deu em ti.

Poliméstor
Aiiohh! Ô armada-lança-ferro,
1090 raça trácia, cavalariça subposta a Ares.
Iôh, aqueus. – Iôh, atridas. – Urro, urro, berro, urro.
Ó'í acorrei, vinde pelos deuses.
Aí, ninguém ajudará? Eh, alguém ouve? Que'sperais?
Mulheres me danaram, acossadas mulheres! Danação,
1095 danação nos acometeu.
Ô eu, desforra de mim.
Por onde andarei? Levado pr'onde?
1100 Bato asas, céu ao léu,
pro palácio supremo
donde Órion caçador ou Sírio-cão soltam arden-

σιν ὄσσων αὐγάς, ἢ τὸν ἐς Ἀίδα
μελάγχρωτα πορθμὸν ᾄζω τάλας;

Χορός
συγγνώσθ', ὅταν τις κρείσσον' ἢ φέρειν κακὰ
πάθῃ, ταλαίνης ἐξαπαλλάξαι ζόης.

Ἀγαμέμνων
κραυγῆς ἀκούσας ἦλθον· οὐ γὰρ ἥσυχος
πέτρας ὀρείας παῖς λέλακ' ἀνὰ στρατὸν
Ἠχὼ διδοῦσα θόρυβον· εἰ δὲ μὴ Φρυγῶν
πύργους πεσόντας ᾖσμεν Ἑλλήνων δορί,
φόβον παρέσχεν οὐ μέσως ὅδε κτύπος.

Πολυμήστωρ
ὦ φίλτατ'· ᾐσθόμην γάρ, Ἀγάμεμνον, σέθεν
φωνῆς ἀκούσας· εἰσορᾷς ἃ πάσχομεν;

Ἀγαμέμνων
ἔα·
Πολυμῆστορ· ὦ δύστηνε, τίς σ' ἀπώλεσεν;
τίς ὄμμ' ἔθηκε τυφλὸν αἱμάξας κόρας,
παῖδάς τε τούσδ' ἔκτεινεν; ἦ μέγαν χόλον
σοὶ καὶ τέκνοισιν εἶχεν ὅστις ἦν ἄρα.

1105 tes chamas dos *lucinantes* olhos ou
vou boca negra'dentro pro triste Hades?

Coro
Inocente, se tu sofres maiores dores do que
podes, vale bem da vida infeliz se livrar...

Agamêmnon
Aos gritos qu'ouvi, vim! É que, rompendo paz,
1110 das pedras-monte soldadesca afora, alto retiniu
Eco-ninfa, agito criando! Se dos frígios não se
soubesse das torres, por ferro grego, derrubadas,
não pouco medo trazia este estrondo.

Poliméstor
Ô saudosíssimo! Agamêmnon, sinto-te por
1115 tua voz ouvir: vês o que passamos?

Agamêmnon
Êa!
Poliméstor! Ô tribulado, quem te baqueou?
Quem o cegou, pôs as pupilas em chagas e os
filhos, aqui, trucidou? Sanha enorme contra ti e
a prole quem fez padecia, seja quem seja.

HÉCUBA

Πολυμήστωρ
Ἑκάβη με σὺν γυναιξὶν αἰχμαλωτίσιν
ἀπώλεσ' — οὐκ ἀπώλεσ', ἀλλὰ μειζόνως.

Ἀγαμέμνων
τί φῄς; σὺ τοὔργον εἴργασαι τόδ', ὡς λέγει;
σὺ τόλμαν, Ἑκάβη, τήνδ' ἔτλης ἀμήχανον;

Πολυμήστωρ
ὤμοι, τί λέξεις; ἦ γὰρ ἐγγύς ἐστί που;
σήμηνον, εἰπὲ ποῦ 'σθ', ἵν' ἁρπάσας χεροῖν
διασπάσωμαι καὶ καθαιμάξω χρόα.

Ἀγαμέμνων
οὗτος, τί πάσχεις;

Πολυμήστωρ
πρὸς θεῶν σε λίσσομαι,
μέθες μ' ἐφεῖναι τῇδε μαργῶσαν χέρα.

Ἀγαμέμνων
ἴσχ'· ἐκβαλὼν δὲ καρδίας τὸ βάρβαρον
λέγ', ὡς ἀκούσας σοῦ τε τῆσδέ τ' ἐν μέρει
κρίνω δικαίως ἀνθ' ὅτου πάσχεις τάδε.

Poliméstor

1120 Hécuba co'as mulheres represadas me
fraudaram – fraudaram nada, mais que isso.

Agamêmnon

Que dizes? Tu fizeste, qual ele diz, tais feitos?
Tu, insolente Hécuba, ousaste este absurdo?

Poliméstor

Ô eu, qu'anuncias? Ê! Está'qui perto, então?
1125 Mostra! Fala onde'stá, pr'ela co'as mãos prender,
destroçar e, em sangue, lhe arrancar o couro!

Agamêmnon

Alto lá, que te passa?

Poliméstor

Te peço, pelos deuses!,
deixa eu meter esta mão em sanha aqui nela.

Agamêmnon

Para! Do imo, deixa de barbaridade, fala;
1130 no que te ouço, e a essa'í por vez também,
na justa, hei de julgar por que passas por tal.

Πολυμήστωρ
λέγοιμ' ἄν. ἦν τις Πριαμιδῶν νεώτατος,
Πολύδωρος, Ἑκάβης παῖς, ὃν ἐκ Τροίας ἐμοὶ
πατὴρ δίδωσι Πρίαμος ἐν δόμοις τρέφειν,
ὕποπτος ὢν δὴ Τρωικῆς ἁλώσεως.
τοῦτον κατέκτειν'· ἀνθ' ὅτου δ' ἔκτεινά νιν,
ἄκουσον, ὡς εὖ καὶ σοφῇ προμηθίᾳ.
ἔδεισα μὴ σοὶ πολέμιος λειφθεὶς ὁ παῖς
Τροίαν ἀθροίσῃ καὶ ξυνοικίσῃ πάλιν,
γνόντες δ' Ἀχαιοὶ ζῶντα Πριαμιδῶν τινα
Φρυγῶν ἐς αἶαν αὖθις ἄρειαν στόλον,
κἄπειτα Θρῄκης πεδία τρίβοιεν τάδε
λεηλατοῦντες, γείτοσιν δ' εἴη κακὸν
Τρώων, ἐν ᾧπερ νῦν, ἄναξ, ἐκάμνομεν.
Ἑκάβη δὲ παιδὸς γνοῦσα θανάσιμον μόρον
λόγῳ με τοιῷδ' ἤγαγ', ὡς κεκρυμμένας
θήκας φράσουσα Πριαμιδῶν ἐν Ἰλίῳ
χρυσοῦ· μόνον δὲ σὺν τέκνοισί μ' εἰσάγει
δόμους, ἵν' ἄλλος μή τις εἰδείη τάδε.
ἵζω δὲ κλίνης ἐν μέσῳ κάμψας γόνυ·
πολλαὶ δὲ, χειρὸς αἳ μὲν ἐξ ἀριστερᾶς,
αἳ δ' ἔνθεν, ὡς δὴ παρὰ φίλῳ, Τρώων κόραι
θάκους ἔχουσαι, κερκίδ' Ἠδωνῆς χερὸς
ᾔνουν, ὑπ' αὐγὰς τούσδε λεύσσουσαι πέπλους·
ἄλλαι δὲ κάμακα Θρηκίαν θεώμεναι

Poliméstor

Posso falar. Era uma vez um dos *priameus*,
Polidoro, caçula, filho d'Hécuba, que de Troia me
mandou Príamo pai pra, em casa, eu cuidar,
1135 causa de pressentir a queda de Troia vir.
Pus cabo nele! Pelo que o matei, ouve como
foi, sábia e premeditadamente, pro bem.
Poupado o rapaz avesso a ti, temia não fosse
ele recrutar e restaurar Troia outra vez e, nisso,
1140 claro, cientes de qu'era vivo um *priameu*, os aqueus,
pra terra Frígia de volta, velas haviam de içar,
e essa planura trácia logo invadindo, dizimar
quisessem; aí, pra vizinhança troa o mal
brotava exato; isto por isto, chefe, pelejamos.
1145 Pois Hécuba, ciente da sina fatal do filho finado,
com baita lábia me enredou dizendo das
caixas d'ouro *priameu* em Ílion ocultas.
Me arrastou só c'os filhos pras tendas,
nos modos de outro nenhum saber disso.
1150 Aí, me acocorando, no meio da cama, sento!
E muitas, umas à mão direita, outras doutra,
assim, juntas na amizade, moças troas, assentos
tenentes, a urdidura, tecido de mão Edônia-Trácia,
admiravam ao lume, os panos fuçavam!
1155 Umas outras os *javelins* trácios examinavam...

γυμνόν μ' ἔθηκαν διπτύχου στολίσματος.
ὅσαι δὲ τοκάδες ἦσαν, ἐκπαγλούμεναι
τέκν' ἐν χεροῖν ἔπαλλον, ὡς πρόσω πατρὸς
γένοιντο, διαδοχαῖς ἀμείβουσαι χερῶν·
κᾆτ' ἐκ γαληνῶν— πῶς δοκεῖς; —προσφθεγμάτων
εὐθὺς λαβοῦσαι φάσγαν' ἐκ πέπλων ποθὲν
κεντοῦσι παῖδας, αἳ δὲ πολεμίων δίκην
ξυναρπάσασαι τὰς ἐμὰς εἶχον χέρας
καὶ κῶλα· παισὶ δ' ἀρκέσαι χρῄζων ἐμοῖς,
εἰ μὲν πρόσωπον ἐξανισταίην ἐμόν,
κόμης κατεῖχον, εἰ δὲ κινοίην χέρας,
πλήθει γυναικῶν οὐδὲν ἤνυον τάλας.
τὸ λοίσθιον δέ, πῆμα πήματος πλέον,
ἐξειργάσαντο δείν'· ἐμῶν γὰρ ὀμμάτων,
πόρπας λαβοῦσαι, τὰς ταλαιπώρους κόρας
κεντοῦσιν, αἱμάσσουσιν· εἶτ' ἀνὰ στέγας
φυγάδες ἔβησαν· ἐκ δὲ πηδήσας ἐγὼ
θὴρ ὣς διώκω τὰς μιαιφόνους κύνας,
ἅπαντ' ἐρευνῶν †τοῖχον ὡς κυνηγέτης†
βάλλων ἀράσσων. τοιάδε σπεύδων χάριν
πέπονθα τὴν σὴν πολέμιόν τε σὸν κτανών,
Ἀγάμεμνον. ὡς δὲ μὴ μακροὺς τείνω λόγους,
εἴ τις γυναῖκας τῶν πρὶν εἴρηκεν κακῶς
ἢ νῦν λέγων ἔστιν τις ἢ μέλλει λέγειν,
ἅπαντα ταῦτα συντεμὼν ἐγὼ φράσω·

Me puseram nu, sem estes dois acessórios.
As tantas, mães qu'eram, no que fagueiras
riam, davam colo pros meninos, e de mão em
mão, pra ao longe do pai estarem, levavam!
1160 Desta conversa macia – eu podia imaginar? – prendem,
de pronto, uma espada de panos tirada pra,
aí, os filhos espetar; umas então, qual algoz,
as minhas mãos duma vezada retinham e
mais também as coxas! No que urdia os filhos
1165 meus salvar, se minha cara levantasse, me
agarravam a cabeleira; se, daí, mãos agitasse,
frente à turba mulheril, impotente, nada podia.
O mais? Supinas pesadas sobejas penas
horríveis me deram! De meus olhos, aí,
1170 armadas co'alfinetes, elas, as coitadas das pupilas,
espetam, *hemorragem*! Aí, tenda'fora,
fugidas revoaram; dum salto então, eu, fera
feito, caço as imundas cadelas assassinas;
catando cada canto, qual caçador me
1175 jogo, esbarro cabeça. Eis-me, diligente por
teu favor: o que sofreu tais dores, o que teu
inimigo, Agamêmnon, matou. E pra dar cabo
da fala, se prisco alguém mulheres difamou,
se já'gora as difama ou se vai ainda difamar,
1180 tudo isso atalhando eu enfim assuntarei:

γένος γὰρ οὔτε πόντος οὔτε γῆ τρέφει
τοιόνδ'· ὁ δ' αἰεὶ ξυντυχὼν ἐπίσταται.

Χορός
μηδὲν θρασύνου μηδὲ τοῖς σαυτοῦ κακοῖς
τὸ θῆλυ συνθεὶς ὧδε πᾶν μέμψῃ γένος.
πολλαὶ γὰρ ἡμῶν, αἳ μέν εἰσ' ἐπίφθονοι,
αἳ δ' εἰς ἀριθμὸν τῶν κακῶν πεφύκαμεν.

Ἑκάβη
Ἀγάμεμνον, ἀνθρώποισιν οὐκ ἐχρῆν ποτε
τῶν πραγμάτων τὴν γλῶσσαν ἰσχύειν πλέον·
ἀλλ', εἴτε χρήστ' ἔδρασε, χρήστ' ἔδει λέγειν,
εἴτ' αὖ πονηρά, τοὺς λόγους εἶναι σαθρούς,
καὶ μὴ δύνασθαι τἄδικ' εὖ λέγειν ποτέ.
σοφοὶ μὲν οὖν εἰσ' οἱ τάδ' ἠκριβωκότες,
ἀλλ' οὐ δύνανται διὰ τέλους εἶναι σοφοί,
κακῶς δ' ἀπώλοντ'· οὔτις ἐξήλυξέ πω.
καί μοι τὸ μὲν σὸν ὧδε φροιμίοις ἔχει·
πρὸς τόνδε δ' εἶμι καὶ λόγοις ἀμείψομαι·
ὃς φῂς Ἀχαιῶν πόνον ἀπαλλάσσων διπλοῦν
Ἀγαμέμνονός θ' ἕκατι παῖδ' ἐμὸν κτανεῖν.
ἀλλ', ὦ κάκιστε, πρῶτον οὔποτ' ἂν φίλον
τὸ βάρβαρον γένοιτ' ἂν Ἕλλησιν γένος
οὐδ' ἂν δύναιτο. τίνα δὲ καὶ σπεύδων χάριν

Raça assim, nem mar nem terra sustenta!
Conhece é quem, vida afora, com ela topou.

Coro
Não te atrevas, nem mesmo pelos teus doestos,
pois, duma só vez, a raça *mulherina* toda ofendes.
1185 De nós muitas há! Bem notáveis umas são;
outras, no cômputo das infames, nascemos.

Hécuba
Pra criatura alguma não devia, Agamenão,
a língua vigorar mais que os feitos praticados!
À vez, se bondades tramou, taludo frasear amarrou,
1190 mas doutra, se fraudes, tartamudas frases proferiu,
aí, nem querendo podia abusos bem frasear, jamais.
Sagazes, ó, são os que corrigem as coisas assim,
mas não se pode ser sagaz até o fim, e aí, às
brutas, mal acabam! Imune se safou nenhum.
1195 E, por mim, tens aí uma preliminar pra ti –
vou também por palavras rebater a este aí:
Tu dizes que meu filho de matar exime os aqueus,
e Agamenão, também, de dobradas pelejas.
Alojo, ô nojo; *prior* pra gente bárbara é, nunca,
1200 jamais, se ter como amiga pros gregos, e isso,
quiçá, nenhum poderia. Estavas tão diligente, oficioso

πρόθυμος ἦσθα; πότερα κηδεύσων τινὰ
ἢ συγγενὴς ὤν, ἢ τίν' αἰτίαν ἔχων;
ἢ σῆς ἔμελλον γῆς τεμεῖν βλαστήματα
πλεύσαντες αὖθις; τίνα δοκεῖς πείσειν τάδε;
ὁ χρυσός, εἰ βούλοιο τἀληθῆ λέγειν,
ἔκτεινε τὸν ἐμὸν παῖδα, καὶ κέρδη τὰ σά.
ἐπεὶ δίδαξον τοῦτο· πῶς, ὅτ' εὐτύχει
Τροία, πέριξ δὲ πύργος εἶχ' ἔτι πτόλιν,
ἔζη τε Πρίαμος Ἕκτορός τ' ἤνθει δόρυ,
τί δ' οὐ τότ', εἴπερ τῷδ' ἐβουλήθης χάριν
θέσθαι, τρέφων τὸν παῖδα κἀν δόμοις ἔχων
ἔκτεινας ἢ ζῶντ' ἦλθες Ἀργείοις ἄγων;
ἀλλ' ἡνίχ' ἡμεῖς οὐκέτ' ἐσμὲν ἐν φάει —
καπνῷ δ' ἐσήμην' ἄστυ — πολεμίων ὕπο,
ξένον κατέκτας σὴν μολόντ' ἐφ' ἑστίαν.
πρὸς τοῖσδε νῦν ἄκουσον, ὡς φανῇς κακός.
χρῆν σ', εἴπερ ἦσθα τοῖς Ἀχαιοῖσιν φίλος,
τὸν χρυσὸν ὃν φῂς οὐ σὸν ἀλλὰ τοῦδ' ἔχειν
δοῦναι φέροντα πενομένοις τε καὶ χρόνον
πολὺν πατρῴας γῆς ἀπεξενωμένοις·
σὺ δ' οὐδὲ νῦν πω σῆς ἀπαλλάξαι χερὸς
τολμᾷς, ἔχων δὲ καρτερεῖς ἔτ' ἐν δόμοις.
καὶ μὴν τρέφων μὲν ὥς σε παῖδ' ἐχρῆν τρέφειν
σώσας τε τὸν ἐμόν, εἶχες ἂν καλὸν κλέος·
ἐν τοῖς κακοῖς γὰρ ἀγαθοὶ σαφέστατοι

em favor de quê? De duas uma: pra fazer aliança
ou pra parentesco ter, que motivo tinhas?
Acaso iam – de novo vogando mar – devastar o
1205 viço da tua terra? Com isso, queres ganhar a quem?
O ouro – se verdades buscas dizer – matou
meu filho e mais toda uma melgueira de coisas.
Daí me esclarece isto: como, ao que Troia
ia bem e tinha muro em roda da cidade ainda,
1210 Príamo vivia, Heitor, também, aflorava lança,
como foi que, se buscavas a este mostrar serviço e
no que em casa criavas e retinhas o moço, porque
o não mataste ou vivo o trouxeste pros argivos?
Mas quando deslumbre não éramos mais –
1215 em fumo o torreão se notava – por sotoposto hostil,
um asilado mataste, o que ao teu *fuoco*-lar pediu abrigo.
Ouve mais estas agora, te farás brilhar como algoz.
Tu devias – se fosses mesmo amigo pros aqueus –
o ouro que dizes ter – não teu, mas deste aqui –
1220 trazer pra entregar aos extenuados por tão
longo tempo, os da terra pátria exilados!
E tu, nem mesmo agora, a mão te atreves a
abrir, e, em casa ainda, te açoras chocá-lo.
E mais, no que – como devias – a salvo criavas
1225 o filho meu, havias de boa fama tirar!
É na ruína que se vê os bons, veríssimos,

φίλοι· τὰ χρηστὰ δ' αὔθ' ἕκαστ' ἔχει φίλους.
εἰ δ' ἐσπάνιζες χρημάτων, ὃ δ' εὐτύχει,
θησαυρὸς ἄν σοι παῖς ὑπῆρχ' οὑμὸς μέγας·
νῦν δ' οὔτ' ἐκεῖνον ἄνδρ' ἔχεις σαυτῷ φίλον,
χρυσοῦ τ' ὄνησις οἴχεται παῖδές τε σοί,
αὐτός τε πράσσεις ὧδε. σοὶ δ' ἐγὼ λέγω,
Ἀγάμεμνον, εἰ τῷδ' ἀρκέσεις, κακὸς φανῇ·
οὔτ' εὐσεβῆ γὰρ οὔτε πιστὸν οἷς ἐχρῆν,
οὐχ ὅσιον, οὐ δίκαιον εὖ δράσεις ξένον·
αὐτὸν δὲ χαίρειν τοῖς κακοῖς σὲ φήσομεν
τοιοῦτον ὄντα ... δεσπότας δ' οὐ λοιδορῶ.

Χορός
φεῦ φεῦ· βροτοῖσιν ὡς τὰ χρηστὰ πράγματα
χρηστῶν ἀφορμὰς ἐνδίδωσ' ἀεὶ λόγων.

Ἀγαμέμνων
ἀχθεινὰ μέν μοι τἀλλότρια κρίνειν κακά,
ὅμως δ' ἀνάγκη· καὶ γὰρ αἰσχύνην φέρει,
πρᾶγμ' ἐς χέρας λαβόντ' ἀπώσασθαι τόδε.
ἐμοὶ δ', ἵν' εἰδῇς, οὔτ' ἐμὴν δοκεῖς χάριν
οὔτ' οὖν Ἀχαιῶν ἄνδρ' ἀποκτεῖναι ξένον,
ἀλλ' ὡς ἔχῃς τὸν χρυσὸν ἐν δόμοισι σοῖς.
λέγεις δὲ σαυτῷ πρόσφορ' ἐν κακοῖσιν ὤν.
τάχ' οὖν παρ' ὑμῖν ῥᾴδιον ξενοκτονεῖν·

amigos; a riqueza tem ela própria amigos próprios.
Se te rareavam tesouros e apinhado ele era, podia,
pra ti, o menino, o meu, garantir um tesouro cabal!
1230 E o tal varão, o teu amigo do peito, já não o tens,
foi-se o usufruto do ouro, e dos filhos, os teus,
assim, tu próprio padeces. Eu, Agamenão,
te digo que se acodes esse aí, um algoz farás brilhar!
A um aliado sem temor nem fé para com quem
1235 devia, a um sem respeito nem direito, bem farás!
Aí, tu que os pérfidos gratificas, diremos de ti
que és tal qual... Que eu não vá a um déspota ofender.

Coro
Fel, *Féu*! Pros que vão um dia morrer, altivos
atos dão sempre início a altivos relatos.

Agamêmnon
1240 Me é penoso julgar desgraças alheias; não
obstante o dever se impõe e, aliás, é torpe
este caso enjeitar, tendo nele posto a mão.
Vê: nem em favor meu – nem dos aqueus! –
me pareces ter matado hóspede varão;
1245 foi quiçá pra teres ouro em tua própria casa.
E, em desgraça caindo, falas só em teu favor.
Rápido e rasteiro, pois, é, entre vós, hóspedes matar!

ἡμῖν δέ γ' αἰσχρὸν τοῖσιν Ἕλλησιν τόδε.
πῶς οὖν σε κρίνας μὴ ἀδικεῖν φύγω φόγον;
οὐκ ἂν δυναίμην. ἀλλ' ἐπεὶ τὰ μὴ καλὰ
πράσσειν ἐτόλμας, τλῆθι καὶ τὰ μὴ φίλα.

Πολυμήστωρ
οἴμοι, γυναικός, ὡς ἔοιχ', ἡσσώμενος
δούλης ὑφέξω τοῖς κακίοσιν δίκην.

Ἀγαμέμνων
οὔκουν δικαίως, εἴπερ εἰργάσω κακά;

Πολυμήστωρ
οἴμοι τέκνων τῶνδ' ὀμμάτων τ' ἐμῶν, τάλας.

Ἑκάβη
ἀλγεῖς· τί δ'; ἦ 'μὲ παιδὸς οὐκ ἀλγεῖν δοκεῖς;

Πολυμήστωρ
χαίρεις ὑβρίζουσ' εἰς ἔμ', ὦ πανοῦργε σύ;

Ἑκάβη
οὐ γάρ με χαίρειν χρή σε τιμωρουμένην;

Mas, entre nós, os helenos, isso asqueroso é.
Aí, como, julgando-te não delinquir, fujo de censura?
1250   Não poderia. Mas, já que não belos feitos
a intentar te atreveste, os ingratos atura aí.

Poliméstor
Ô eu, rebaixado por mulher de serviço,
paga a ordinários, parece, darei.

Agamêmnon
E não é justo, não? Descalabros obrastes.

Poliméstor
1255   Ô eu, por estes frutos, pelos meus olhos, tetro.

Hécuba
Dói real, né?! Taí, crias que, pelo filho, eu não me doía?

Poliméstor
Obreira de mal cabal, tu ris de mim pra me aviltar?

Hécuba
Não carece, pra ficar vingada, me rir de ti?

Πολυμήστωρ
ἀλλ' οὐ τάχ', ἡνίκ' ἄν σε ποντία νοτὶς —

Ἑκάβη
μῶν ναυστολήσῃ γῆς ὅρους Ἑλληνίδος;

Πολυμήστωρ
κρύψῃ μὲν οὖν πεσοῦσαν ἐκ καρχησίων.

Ἑκάβη
πρὸς τοῦ βιαίων τυγχάνουσαν ἁλμάτων;

Πολυμήστωρ
αὐτὴ πρὸς ἱστὸν ναὸς ἀμβήσῃ ποδί.

Ἑκάβη
ὑποπτέροις νώτοισιν ἢ ποίῳ τρόπῳ;

Πολυμήστωρ
κύων γενήσῃ πύρσ' ἔχουσα δέργματα.

Ἑκάβη
πῶς δ' οἶσθα μορφῆς τῆς ἐμῆς μετάστασιν;

Poliméstor

Só que não, num rufo, aguada de mar te...

Hécuba

1260   ... me *transnavega* pras costas da Grécia, certo?

Poliméstor

... vai tragar, no que despencas das adriças.

Hécuba

Atingida pelas forças da espuma branca?

Poliméstor

Galgarás o mastro do navio com o pé, tu própria.

Hécuba

Com as asas do lombo? De que modo?

Poliméstor

1265   Cachorra te tornarás, mirada em chama terás.

Hécuba

E sabes da minha mudança de forma como?

Πολυμήστωρ
ὁ Θρῃζὶ μάντις εἶπε Διόνυσος τάδε.

Ἑκάβη
σοὶ δ' οὐκ ἔχρησεν οὐδὲν ὧν ἔχεις κακῶν;

Πολυμήστωρ
οὐ γάρ ποτ' ἂν σύ μ' εἷλες ὧδε σὺν δόλῳ.

Ἑκάβη
θανοῦσα δ' ἢ ζῶσ' ἐνθάδ' ἐκπλήσω βίον;

Πολυμήστωρ
θανοῦσα· τύμβῳ δ' ὄνομα σῷ κεκλήσεται —

Ἑκάβη
μορφῆς ἐπῳδόν, ἢ τί, τῆς ἐμῆς ἐρεῖς;

Πολυμήστωρ
κυνὸς ταλαίνης σῆμα, ναυτίλοις τέκμαρ.

Ἑκάβη
οὐδὲν μέλει μοι σοῦ γέ μοι δόντος δίκην.

Poliméstor

Dioniso, vate trácio, assim disse.

Hécuba

E pra ti não profetou – das dores que tens – nada?

Poliméstor

Não, claro. Se tivesse, não me pegarias à socapa.

Hécuba

1270 Acabo a vida assim, morta ou viva?

Poliméstor

Morta! Na tumba, a tua, um nome te lembrará...

Hécuba

Apelido ou o quê? Pela forma, a minha?

Poliméstor

Ponta da cachorra vadia, norte de marujos.

Hécuba

No que ganhas paga, nada me turra.

Πολυμήστωρ
καὶ σήν γ' ἀνάγκη παῖδα Κασάνδραν θανεῖν.

Ἑκάβη
ἀπέπτυσ'· αὐτῷ ταῦτα σοὶ δίδωμ' ἔχειν.

Πολυμήστωρ
κτενεῖ νιν ἡ τοῦδ' ἄλοχος, οἰκουρὸς πικρά.

Ἑκάβη
μήπω μανείη Τυνδαρὶς τοσόνδε παῖς.

Πολυμήστωρ
καὐτόν γε τοῦτον, πέλεκυν ἐξάρασ' ἄνω.

Ἀγαμέμνων
οὗτος σύ, μαίνῃ καὶ κακῶν ἐρᾷς τυχεῖν;

Πολυμήστωρ
κτεῖν', ὡς ἐν Ἄργει φόνια λουτρά σ' ἀμμένει.

Ἀγαμέμνων
οὐχ ἕλξετ' αὐτόν, δμῶες, ἐκποδὼν βίᾳ;

Poliméstor

1275 Ó qu'é mister tua moça Cassandra morrer, tá?

Hécuba

Escarro! Sobre ti mesmo tal coisa recaia!

Poliméstor

Vai matá-la a mulher desse aí, dona cruel.

Hécuba

Que não louqueje assim, jamais, a filha do Tíndaro.

Poliméstor

Oh vai, contr'este aí, também, alto içará o machado.

Agamêmnon

1280 'Stás delirando, doido, procuras encrenca?

Poliméstor

Mata! Assim num banho de sangue que te'spera em Argos.

Agamêmnon

Não vão tirá-lo daqui, na marra, gente?

Πολυμήστωρ
ἀλγεῖς ἀκούων;

Ἀγαμέμνων
οὐκ ἐφέξετε στόμα;

Πολυμήστωρ
ἐγκλῄετ'· εἴρηται γάρ.

Ἀγαμέμνων
οὐχ ὅσον τάχος
νήσων ἐρήμων αὐτὸν ἐκβαλεῖτέ που,
ἐπείπερ οὕτω καὶ λίαν θρασυστομεῖ;
Ἑκάβη, σὺ δ', ὦ τάλαινα, διπτύχους νεκροὺς
στείχουσα θάπτε· δεσποτῶν δ' ὑμᾶς χρεὼν
σκηναῖς πελάζειν, Τρῳάδες· καὶ γὰρ πνοὰς
πρὸς οἶκον ἤδη τάσδε πομπίμους ὁρῶ.
εὖ δ' ἐς πάτραν πλεύσαιμεν, εὖ δὲ τἀν δόμοις
ἔχοντ' ἴδοιμεν τῶνδ' ἀφειμένοι πόνων.

Χορός
ἴτε πρὸς λιμένας σκηνάς τε, φίλαι,
τῶν δεσποσύνων πειρασόμεναι
μόχθων· στερρὰ γὰρ ἀνάγκη.

Poliméstor
Ouvir te dói?

Agamêmnon
Não fechareis a boca?

Poliméstor
Calai-me! O dito dito está.

Agamêmnon
Haverá bastante pressa
1285 pra o jogardes em ilha erma, pela
demasiada razia qu'este tem ao falar?
Hécuba, tu, ô fruste, vai logo, sepulta os dobrados
mortos! Urge ir já pra junto dos vossos donos,
pr'as tendas, troas! Vejo ventos alísios
1290 estes que em cortejo à casa sopram.
Bem possamos navegar de volta à pátria, bem as
coisas em casa vejamos, pelejas largadas pra trás.

Coro
Ide, padecentes queridas, pros cais,
e pelos déspotas, cobertas, ireis pelejar!
1295 *Eta vida besta*, sô!

REFERÊNCIAS

ACADEMIA DAS CIÊNCIAS DE LISBOA. *Vocabulário ortográfico da língua portuguesa – Parte II* (Vocabulário Onomástico). Lisboa: Imprensa Nacional, 1940.

ANDRADE, Carlos Drummond. *Uma pedra no meio do caminho*: biografia de um poema. Ed. ampl.: Eucanaã Ferraz. São Paulo: Instituto Moreira Sales, 2010.

APOLODORO. *Biblioteca*. Trad. e notas: Margarita Rodríguez de Sepúlveda. Madrid: Editorial Gredos, 1985. (Biblioteca Clásica Gredos, 85).

BAGNO, Marcos. *Gramática pedagógica do português brasileiro*. São Paulo: Parábola Editorial, 2012.

BAGNO, Marcos. *Preconceito linguístico*: o que é, como se faz. 15a ed. São Paulo: Edições Loyola, 2002.

BANDEIRA, Manuel. Tragédia brasileira. In: _____. *Poesia completa e prosa seleta*. Org.: André Seffrin. Rio de Janeiro: Nova Aguilar, 2009, p. 283.

BARBOSA, Tereza Virgínia Ribeiro. *Feita no Brasil*: a sabedoria vulgar da tragédia ática para o povo tupiniquim-catrumano. Belo Horizonte: Relicário Edições, 2018.

BIZZARRI, Edoardo; ROSA, João Guimarães. *J. Guimarães Rosa*: correspondência com seu tradutor italiano Edoardo Bizzarri. 2a. ed. São Paulo: T. A. Queiroz; Instituto Cultural Ítalo-Brasileiro, 1981.

BOLLE, Willi. *Grandesertão.br*: o romance de formação do Brasil. São Paulo: Duas Cidades; Editora 34, 2004.

BOLLE, Willi. Representação do povo e invenção de linguagem em Grande Sertão: veredas. *Scripta*, Belo Horizonte, v. 5, n. 10, p. 352-366, 2002.

BORIS, Eileen; FISH, Jennifer N. Slaves no More: Making Global Standards for Domestic Workers. *Feminist Studies*, College Park, v. 40, n. 2, p. 411-443, 2014.

BURNETT, Anne Pippin. Hekabe the dog. *Arethusa*, Baltimore, v. 27, n. 2, p. 151-164, 1994.

CARD, Claudia. Women's Voices and Ethical Ideals: Must We Mean What We Say? *Ethics*, Chicago, v. 99, n. 1, p. 125-135, 1988.

CASCUDO, Luís da Câmara. *Coisas que o povo diz*. 1a ed. digital. São Paulo: Global Editora, 2012.

CASCUDO, Luís da Câmara. *Locuções tradicionais no Brasil*: coisas que o povo diz. Belo Horizonte: Editora Itatiaia; São Paulo: Editora da Universidade de São Paulo, 1986.

CHASE, Susan E. Sara Ruddick. In: RITZER, George (ed.). *Encyclopedia of Social Theory – Volume II*. Newbury Park: SAGE Publications, 2005.

REFERÊNCIAS

CHERQUES, Sérgio. *Dicionário do mar*. São Paulo: Globo, 1999.

DE JONG, Irene J. F. *Narrative in Drama*: The Art of the Euripidean Messenger-Speech. Leiden; Boston: Brill, 1991.

DUBATTI, Jorge. Teatro-Matriz y Teatro Liminal: la liminalidad constitutiva del acontecimiento teatral. *Cena*, Porto Alegre, n. 19, p. 1-17, 2016.

DUFOUR, Médéric. *Traité élémentaire des synonymes grecs*. Paris: Armand Colin, 1910.

EURÍPIDES. *Duas tragédias gregas*: Hécuba e Troianas. Trad. e intr.: Christian Werner. São Paulo: Martins Fontes, 2004. (Biblioteca Martins Fontes).

EURÍPIDES. *Electra de Eurípides*. Trad.: Truπersa – Trupe de Tradução de Teatro Antigo; Dir. trad.: Tereza Virgínia Ribeiro Barbosa. São Paulo: Ateliê Editorial, 2015.

EURÍPIDES. *Euripidis Fabulae – 3 volumes*. Ed.: James Diggle e Gilbert Murray. Oxford: Oxford University Press, 1982-1994. (Oxford Classical Texts).

EURÍPIDES. *Euripidis Fabulae – Volume 1*. Ed.: Gilbert Murray. Oxford: Clarendon Press, 1902.

EURÍPIDES. *Euripides – Hecuba*: Introduction, Text and Commentary. Ed.: Justina Gregory. Atlanta: Scholars Press; American Philological Association, 1999.

EURÍPIDES. *Hecuba*. Ed.: Ricardus Porson. Leipzig: Gerhard Fleischer, 1824. (Hecuba, Orestes, Phoenissae et Medea, 1).

EURÍPIDES. *Hekabe*. Ed.: Kjeld Matthiessen. Berlim: Walter de Gruyter, 2010.

EURÍPIDES. *Medeia de Eurípides*. Trad.: Truπersa – Trupe de Tradução de Teatro Antigo; Dir. trad.: Tereza Virgínia Ribeiro Barbosa. São Paulo: Ateliê Editorial, 2013.

EURÍPIDES. *Orestes de Eurípides*. Trad.: Truπersa – Trupe de Tradução de Teatro Antigo; Dir. trad.: Tereza Virgínia Ribeiro Barbosa. São Paulo: Ateliê Editorial, 2017.

EURÍPIDES. *Teatro Completo – Volume I*: O Ciclope, Alceste, Medeia, Os Heraclidas, Hipólito, Andrômaca, Hécuba. Trad.: Jaa Torrano. São Paulo: Iluminuras, 2015.

EURÍPIDES. *Trojan Women*. Trad. e coment.: Shirley A. Barlow. Liverpool: Aris and Phillips Classical Texts; Liverpool University Press, 1986.

FOLEY, Helene P. *Euripides – Hecuba*. Londres: Bloomsbury Publishing, 2015.

FOLGUERAS, Luis. *Fábulas*. Coruña: Imprenta de Vila, 1811.

FORTUNA, Marlene. *A performance da oralidade teatral*. São Paulo: Annablume, 2000.

FOUCAULT, Michel. *A arqueologia do saber*. 7a. ed. Trad.: Luiz Felipe Baeta Neves. Rio de Janeiro: Forense Universitária, 2008.

REFERÊNCIAS

FRANCO, Cristiana. *Shameless*: The Canine and the Feminine in Ancient Greece. Trad.: Matthew Fox. Berkeley: University of California Press, 2014.

GOFF, Barbara. *Euripides*: Trojan Women. Londres: Bloomsbury Publishing, 2013.

GOMES, João Batista. *O humor do português*: crônicas didáticas. 2a. ed. Manaus: Linguativa, 2007.

GREGORY, Justina. Genealogy and Intertextuality in Hecuba. *The American Journal of Philology*, Baltimore, v. 116, n. 3, p. 389-397, 1995.

HARRISON, Thomas. The Greek World, 478-432. In: KINZL, Konrad H (ed.). *A Companion to the Classical Greek World*. Hoboken: Blackwell Publishing, 2006, p. 509-525.

HESÍODO. *Teogonia*. Trad., intr. e notas: Jaa Torrano. São Paulo: Iluminuras, 1991.

HOLANDA, Chico Buarque de. Pedaço de mim. In: *Ópera do malandro*. Rio de Janeiro: Philips Records, 1979. 2 discos. Disco 2, lado B, Faixa 1.

HOMERO. *Homeri Opera in 5 volumes*. Oxford: Oxford University Press, 1920.

HOMERO. *Ilíada*. 5a. ed. Trad. Carlos Alberto Nunes. Rio de Janeiro: Ediouro, 2005.

HOMERO. *Ilíada*. Trad. Frederico Lourenço. Lisboa: Cotovia, 2005.

HOMERO. *Odisseia*. 6a. ed. Trad.: Carlos Alberto Nunes. Rio de Janeiro: Ediouro, 2004.

HOMERO. *Odisseia*. Trad. Christian Werner. São Paulo: Cosac Naify, 2014.

HOMERO. *Odisseia*. Trad.: Frederico Lourenço. Lisboa: Cotovia, 2003.

HOMERO. *The Odyssey of Homer – In Two Volumes*. 2a ed. Ed.: William B. Stanford. Nova Iorque: St. Martin's Press; Londres: Macmillan, 1967.

JANKO, Richard. *The Iliad*: A Commentary #4 – Vol. IV, Books 13-16. Ed.: Geoffrey Stephen Kirk. Sidney: Cambridge University Press, 1994. (The Iliad: A Commentary, 4).

KASTELY, James L. Violence and Rhetoric in Euripides's Hecuba. *PMLA*, Nova Iorque, v. 108, n. 5, p. 1036-1049, 1993.

KIBUUKA, Brian Gordon Lutalo. *Eurípides e a Guerra do Peloponeso*: representações da guerra nas tragédias Hécuba, Suplicantes e Troianas. 2012. Dissertação (Mestrado em História) – Universidade Federal Fluminense, Niterói, 2012.

KIRK, Geoffrey Stephen. *The Iliad*: A Commentary #2 – Vol. II, Books 5-8. Ed.: Geoffrey Stephen Kirk. Sidney: Cambridge University Press, 2000. (The Iliad: A Commentary, 2).

REFERÊNCIAS

LAMARI, Anna A. *Reperforming Greek Tragedy*: Theater, Politics, and Cultural Mobility in the Fifth and Fourth Centuries BC. Berlim: Walter de Gruyter, 2017.

LEE, John W. I. Warfare in the Classical Age. In: KINZL, Konrad H. (ed.). *A Companion to the Classical Greek World*. Hoboken: Blackwell Publishing, 2006, p. 480-508.

LIDDELL, Henry George; SCOTT, Robert. *Greek-English Lexicon*. Oxford: Clarendon Press, 1996.

LORAUX, Nicole. *Mothers in Mourning*. Trad.: Corinne Pache. Ithaca; Londres: Cornell University Press, 1998.

LORENZ, Günter. Diálogo com Guimarães Rosa. In: ROSA, João Guimarães. *Ficção completa – Volumes I e II*. Org.: Eduardo F. Coutinho. Rio de Janeiro: Nova Aguilar, 2009, p. XXXI-LXV.

MAATHAI, Wangari. Nobel Peace Prize Speech – Nobel Lecture, Oslo, 10 dez. 2004. *Meridians*, Durham, v. 6, n. 1, p. 195-201, 2005.

MARQUARDT, Patricia A. Hesiod's Ambiguous View of Woman. *Classical Philology*, v. 77, n. 4, p. 283-291, 1982.

MATA, Vanessa da. Minha herança: uma flor. In: *Sim*. Rio de Janeiro: Sony Music, 2007. 1 disco, faixa 13.

MATTHIESSEN, Kjeld. Introduction. In: EURÍPIDES. *Hekabe*. Ed.: Kjeld Matthiessen. Berlim: Walter de Gruyter, 2010, p. 1-79.

MEINECK, Peter. *Theatrocracy*: Greek Drama, Cognition, and the Imperative for Theatre. New York: Routledge, 2018.

MESCHONNIC, Henri. *Linguagem, ritmo e vida*. Extratos traduzidos por Cristiano Florentino; Revisão de Sônia Queiroz. Belo Horizonte: FALE/UFMG, 2006.

MESCHONNIC, Henri. *Poética do traduzir*. Trad.: Jerusa Pires Ferreira e Suely Fenerich. São Paulo: Perspectiva, 2010.

MESCHONNIC, Henri. Présentation. *Langue Française*, Île-de--France, n. 56 (Le rythme et le discours), p. 3-5, 1982.

MEYER-CLASON, Hans Curt; ROSA, João Guimarães. *João Guimarães Rosa*: correspondência com seu tradutor alemão Curt Meyer-Clason (1958-1967). Org.: Maria Apparecida F. M. Bussolotti; Trad.: Erlon José Paschoal. Rio de Janeiro: Nova Fronteira, Academia Brasileira de Letras; Belo Horizonte, Editora UFMG, 2003.

MILLER, D. Gary. *Ancient Greek Dialects and Early Authors*: Introduction to the Dialect Mixture in Homer, with notes on Lyric and Herodotus. Berlim: Walter de Gruyter, 2014.

MOREIRA, Andreza Sara Caetano de Avelar. *Hécuba, de Eurípides*: uma perspectiva de tradução. 2015. Dissertação (Mestrado em Estudos Literários) – Universidade Federal de Minas Gerais, Belo Horizonte, 2015.

REFERÊNCIAS

MUNIZ, Mariana; ROMAGNOLLI, Luciana. Teatro como acontecimento convival: uma entrevista com Jorge Dubatti. *Urdimento*, Florianópolis, v. 2, n. 23, p. 251-261, 2014.

NEVES, Maria Helena de Moura. O pensamento político em Eurípedes. *Revista Letras*, São Paulo, n. 20, p. 99-108, 1980.

NOUSS, Alexis. Preface – A Life in Translation. In: MESCHONNIC, Henri. *Ethics and Politics of Translating*. Trad. e ed.: Pier-Pascale Boulanger. Amsterdam; Philadelphia: John Benjamins Publishing Company, p. 1-9, 2011.

PEREZCASTRO, Graciela Hierro. El pensamiento materno. *Omnia*, México (DF), v. 17-18, n. 41, p. 65-74, 2001.

PEREZCASTRO, Graciela Hierro. La educación matrilineal: hacia una filosofía feminista de la educación para las mujeres. In: JORNADAS DE INVESTIGACIÓN INTERDISCIPLINARIA SOBRE LA MUJER, 9., 1992, Madri. *La mujer latinoamericana ante el reto del siglo XXI*. Madri: Universidad Autónoma de Madrid, Instituto Universitario de Estudios de la Mujer, p. 399-410, 1993.

PEREZCASTRO, Graciela Hierro. La mujer y el mal. *Isegoría*, Madri, n. 6, p. 167-173, 1992.

PEREZCASTRO, Graciela Hierro. La violencia moral contra las mujeres mayores. In: GRUPO LAS REINAS. *Envejecer con dignidad*: compilación de artículos de Las Reinas. México: Gobierno del Estado de Nuevo León; Instituto Estatal de las Mujeres, 2004, p. 81-87.

POE, Joe P. Trojan Women. In: MARKANTONATOS, Andreas (ed.). *Brill's Companion to Euripides – Volume I*. Leiden; Boston: Brill, 2020, p. 255-277.

PRIETO, Maria Helena; PRIETO, João Maria; PENA, Abel do Nascimento. *Índices de nomes próprios gregos e latinos*. Lisboa: Fundação Calouste Gulbenkian, 1995.

REDAÇÃO. Em entrevista à CNN Brasil, Regina Duarte minimiza tortura durante ditadura militar. *Brasil de Fato*, São Paulo, 7 mai. 2020.

REDAÇÃO. La madre del bimbo sciolto nell'acido: "Giuseppe ha vinto, la mafia ha perso". *Corriere della Sera*, Itália, 10 nov. 2008.

RÓNAI, Paulo. Os vastos espaços. In: ROSA, João Guimarães. *Primeiras Estórias*. Rio de Janeiro: Nova Fronteira, 2001, n.p.

ROSA, João Guimarães. *Ficção completa – Volumes I e II*. Org.: Eduardo F. Coutinho. Rio de Janeiro: Nova Aguilar, 2009.

RUDDICK, Sara. Making Connections Between Parenting and Peace. In: O'REILLY, Andrea (ed.). *Mother Matters*: Motherhood as Discourse and Practice. Toronto: Association for Research on Mothering, 2004, p. 203-217.

RUDDICK, Sara. Maternal Thinking. *Feminist Studies*, College Park, v. 6, n. 2, p. 342-367, 1980.

RUDDICK, Sara. *Maternal Thinking*: Toward a Politics of Peace. Boston: Beacon Press, 1989.

REFERÊNCIAS

RUDDICK, Sara. On Maternal Thinking. *Women's Studies Quarterly*, Nova Iorque, v. 37, n. 3-4, p. 305-308, 2009a.

RUDDICK, Sara. Pacifying the Forces: Drafting Women in the Interests of Peace. *Signs*, Chicago, v. 8, n. 3, p. 471-489, 1983.

RUDDICK, Sara. The Moral Horror of the September Attacks. *Hypatia*, Cambridge, v. 18, n. 1, p. 212-222, 2003.

RUDDICK, Sara. Woman of Peace: A Feminist Construction. *Synthesis Philosophica*, Zagreb, v. 12, ed. 1, p. 265-282, 1997.

RUDDICK, Sara; O'REILLY, Andrea. A Conversation about Maternal Thinking. In: O'REILLY, Andrea (ed.). *Maternal Thinking*: Philosophy, Politics, Practice. Toronto: Demeter Press, 2009b, p. 252-269.

SCHAFER, Raymond Murray. Quando as palavras cantam. In: _____. *O ouvido pensante*. Trad.: Marisa Fonterrada, Magda da Silva e Maria Lúcia Pascoal. São Paulo: Editora Unesp, 1991, p. 207-267.

SEGAL, Charles. *Euripides and the Poetics of Sorrow*: Art, Gender, and Commemoration in Alcestis, Hippolytus and Hecuba. Durham: Duke University Press, 1993.

SERAFINI, Marta. Alan Kurdi, il bambino sulla spiaggia. *Corriere della Sera*, Itália, 19 jan. 2016.

TZANETOU, Angeliki. Hecuba. In: MARKANTONATOS, Andreas (ed.). *Brill's Companion to Euripides – Volume I*. Leiden; Boston: Brill, 2020, p. 158-181.

VERLANGIERI, Iná Valéria Rodrigues. *J. Guimarães Rosa*: correspondência inédita com a tradutora norte-americana Harriet de Onís. 1993. Dissertação (Mestrado em Letras) –Universidade Estadual Paulista, Araraquara, 1993.

VIOTTI, Daniele. Il campo profughi di Moria, sull'isola di Lesbo, è l'inferno. *La Stampa*, Itália, 22 out. 2019.

VITEZ, Antoine. A l'intérieur du parlé, du geste, du mouvement: entretien avec Henri Meschonnic. *Langue Française*, Île-de--France, n. 56 (Le rythme et le discours), p. 24-34, 1982.

WARBURG, Aby. *Atlas Mnemosyne*. Trad.: Joaquín Chamorro Mielke. Madri: Ediciones Akal, 2010.

WEBER-BALLARD, Eleanor. Three Years On: Has Anything Changed Since the Death of Alan Kurdi? *Migrants Organise*, Londres, 2 set. 2018.

WELWEI, Karl-Wilhelm. The Peloponnesian War and its Aftermath. In: KINZL, Konrad H. (ed.). *A Companion to the Classical Greek World*. Hoboken: Blackwell Publishing, 2006, p. 526-543.

ZUMTHOR, Paul. *A letra e a voz*. Trad.: Amálio Pinheiro e Jerusa Pires Ferreira. São Paulo: Companhia das Letras, 1983.

SOBRE
TEREZA VIRGÍNIA RIBEIRO BARBOSA

Tereza Virgínia Ribeiro Barbosa possui graduação em português-grego pela UFMG, mestrado em estudos linguísticos pela mesma instituição – sob orientação de Maria Helena da Rocha Pereira e John Robert Ross –, doutorado em linguística e língua portuguesa pela UNESP Araraquara e pós-doutorado em letras clássicas pela USP, com pesquisa sobre drama satírico grego (supervisão de Filomena Hirata). Em 2011, realizou estágio de aperfeiçoamento em teoria da tradução com Andréia Guerini, da UFSC. Atualmente, é professora titular da UFMG (língua e literaturas gregas), tendo defendido a tese *Feita no Brasil: a sabedoria vulgar da tragédia ática para o povo tupiniquim-catrumano*, publicada em 2018 pela Relicário. É membro da Sociedade Brasileira de Estudos Clássicos (SBEC), coordenadora do Grupo de Tradução de Teatro da UFMG (GTT/CNPq), diretora de tradução da Truπersa (Trupe de Tradução e Encenação de Teatro Antigo), fundada em 2009, e pesquisadora do Núcleo de Estudos Antigos e Medievais da UFMG (NEAM). Tem experiência na área de letras com ênfase em tragédia grega, atuando principalmente nos seguintes temas:

teatro antigo; tradução; épica grega; drama satírico; mitologia; estudo do riso na Antiguidade; literatura clássica e outras literaturas; e recepção clássica na literatura brasileira. Publicou, com Piero Bagnariol, a quadrinização da *Odisseia* (São Paulo: Peirópolis, 2013) e da *Ilíada* (Belo Horizonte: RHJ, 2012), de Homero. De Eurípides, traduziu com a Truπersa as tragédias *Medeia*, *Electra* e *Orestes* (São Paulo: Ateliê Editorial, 2013, 2015 e 2017). É autora de *Feita no Brasil: a sabedoria da tragédia ática para o povo tupiniquim-catrumano* (Belo Horizonte: Relicário, 2018), entre outros. É bolsista de produtividade do CNPq e do programa Pesquisador Mineiro, da FAPEMIG.

FICHA TÉCNICA

Atores de tradução
    Bruno Scomparin
    Claudio Vultaggio
    Cristiano Elias
    Maxwell Heringer
    Serena Rocha
    Vanessa Brandão

Participação especial na trupe de tradução
    Anna Thereza Brioschi Scomparin

Atores de cena
    Alice Mesquita
    Anita Mosca
    Antonio Edson (convidado)
    Anselmo Bandeira
    Beatriz Novaes
    Cristiano Elias
    Elisa Almeida (convidada)
    Gabriel Demaria
    Guilherme Colina
    Guilherme Mello
    Júlio Guatimosim
    Serena Rocha
    Thaís Sena

Participação especial (funeral de Polidoro)
   Maria Viana
Direção artística
   Anita Mosca
Assistente de direção artística
   Anselmo Bandeira
Direção de tradução
   Tereza Virgínia Ribeiro Barbosa
Músicos
   Clarice Viana
   Fábio Viana
   Júlio Guatimosim
   Manuela Barbosa
   Marcos Vinício Alves
Composição musical
   Júlio Guatimosim
Concepção e elaboração artística da capa
   Maria Cecília Brzezina

1ª EDIÇÃO [2022]
Esta obra foi composta em Baskerville sobre papel
Pólen Soft 80 g/m² para a Relicário Edições.